ふる里からの憲法運動

憲法9条の理論と実践

茨城の思想研究会・編

ふる里からの憲法運動

——憲法9条の理論と実践

目次

発刊にあたって　ふる里からの憲法運動　武藤　功……7

第一篇　理論

第一章　憲法九条について
憲法九条と武器なき国防――日本の脱武装化とその行程表　三石善吉……34

第二章　平和について
平和・不戦の国際条約――その思想をさぐる　小林三衞……79

第三章　研究者の立場から
憲法九条と王道論　吉田俊純……163

カントの永遠平和論に寄せて　武井邦夫……183
平和憲法六〇年後の歯止めなき「自衛軍」——自民党新憲法草案にみる蒙昧と愚弄　田村武夫……200

第二篇　実践

第四章　現実の憲法運動から

9条連運動のこれまでとこれから　伊藤成彦……222
歴史を振り返って——平和憲法の擁護　木戸田四郎……231
中学生の憲法学習今昔　伊藤純郎……246
今こそ不戦・非武装・非暴力の旗を！　塩谷善志郎……261
憲法改正動向の新転回　丹　賢一……273
執筆者一覧……295

版画　新居　広治

発行にあたって

ふる里からの憲法運動

武藤　功

1

ふる里は、だれにもある。そして、ふる里は、文字通り古い。はるか先祖の代からある。それゆえだろうか、人はふる里を忘れることはない。自分が生まれ育ったふる里の山や川や風景は、時代が変わっても、生きている。そしてそれは生きた記憶として新しい今日のふる里の姿へとつながっていく。ふる里は永遠なのである。

ふる里は愛を求めない。おとなにも子どもにも、ふる里が語りかける言葉は、山や川であり、野原であり、谷津である。里山に囲まれた田圃である。これらふる里の言葉は、静かに存在することによって自分を語るだけで、愛郷心や愛国心は求めないし、語らない。ふる里には何の野心もないからである。国家的なものへの野心を隠した画一的な愛の言葉では、多様なふる里の存在はむしろ見失われてしまうからだ。

その素朴なありのままの姿において、ふる里は、万葉集の時代から意識され、歌われてきた。古今集の時代になるとさらに多様に歌われ、「ふるさとと成りにし奈良の都にも色はかはらず花はさきにけり」と歌われたように政権の交代や遷都によって姿を変えていくふる里もできるようになって、歴史の感覚をもって捉えられるようになった。新古今集の時代には「ふる里小野」という新しい言葉も生まれ、ふる里は山や川と結びつけてさらにイメージ豊かに歌われるようになった。近代になると、人々の移動がはげしくなり、ふる里を離れて暮らす人々もたくさん生まれて、その人々が作った都会から、ふる里は「故郷」と呼び換えられて遠くから思い起こされるようになった。犀星が「ふるさとは遠きにありて思ふもの」と謳った通りである。啄木もまた「ふるさとの山はありがたきかな」と歌った。

わたしたちはいま日本国憲法について考えるにあたり、その原点の「ふる里」にかえって、この茨城の地から考えようとしている。わたしたちを成長させ、血肉のようになって体内に染み込んでいる「ふる里」への思いを憲法によって再生させたいと思うからである。これはまた、憲法をふる里という生活の原点から再考するということでもある。

憲法ができて六十年、この間ふる里も随分変化してきた。その変化には発展と衰退の二つの姿があるといえるが、それに憲法がいかにかかわってきたかということは、これまで必ずしも十分に論じられてもこなかったし、明らかにされてもこなかった。憲法のことについてはたくさん語られてきたが、ふる里との関係からその活性の姿が論じられることは少なかった。

もちろん、それがなかったわけではない。かつて、京都の蜷川府政は、「憲法を暮らしの中へ」という素晴らしいスローガンをかかげて府政を推進した。それはふる里としての京都のまちを豊かにする政策の実効ある試みであった。その後に生まれた美濃部都政のなかでも、「シビル・ミニマム」という言葉が新しく提起され、都民の暮らすところで最低限の市民的文化的基準が満たされるようにと説かれた。これも憲法の言う「健康で文化的な最低限の生活」（二五条）を満たすための政治的実践として、貴重な地方自治の経験であった。

しかし、一方、発展から取り残されて過疎地となったり、自然災害から無防備なままに放置されてきたようなふる里もたくさん生まれた。愛郷心などという抽象的な言葉では捉え得ないような悲惨な姿に変貌したふる里もある。いま北海道夕張市に見る姿は、そうしたものの一つである。この意味では、憲法の精神が日本のすべてのふる里に潤いをもたらしてきたわけではなかったことがわかる。そして、このふる里建設という問題には、ふる里に憲法がひとりで歩いて来てくれるものではないという教訓も含まれていた。憲法はそこに暮らす人々が呼び込まなければ、憲法の方からひとりでには歩いて来るものではないという問題である。政治家にまかせておいても、あるいは六法全書を飾るだけでは、憲法通りの「文化的な最低限」の政治ができる保障にはならないのである。

この意味では、ふる里再生はわたしたちのなかの憲法再生と一致しなければならなかった。その条件は、教育や福祉については言うに及ばず、いたるところにあった。憲法再生はふる里を求め、ふる里再生は憲法を求めていたのである。それゆえ、わたしたちは、いま憲法とふる里をむすびつけて、わたしたち自身の生活を通した幸福の追求と新しいふる里づくりをしようというのである。

2

憲法にはもちろん、ふる里という範囲の課題よりも大きな課題もある。その中心にあるのが平和の問題であろう。平和がなくなってしまったなら、ふる里建設も立ち行かない。このことは、毎日のようにテレビや新聞で見ているように、戦火のもとにあるイラクやアフガニスタンの人命と町々の破壊、あるいはパレスチナ紛争のもとでの人命と町々の破壊や人々の嘆きの姿を見ただけでも明らかである。平和があって、その戦争のない保障のなかでしか、ふる里の建設は真の意味を持たないのである。

しかし、この平和の問題となると、わたしたちの間にもさまざまな矛盾があることも事実である。平和を求め、護憲を望むわたしたちと改憲をめざす政治家との間にある意見の相違もその一であるといえる。わたしたちが戦争のない平和を願っていても、あるいは憲法自体（9条）が軍隊や軍備を持つことを禁じていても、現実の政治は改憲派に主導されて軍備としての自衛隊強化の方向へ向かわせられ、世界でも有数の「軍隊」として存在してしまっている現実があることも、そうである。いまでは、彼ら改憲派の一部には、核武装を公言するような政治家も生まれている。

物理学者の湯川秀樹氏らが半世紀以上にわたって訴えてきた「人類は核兵器とは共存できない」という声、そしてこの声こそ被爆体験を持つ日本国民が独自の普遍的文化として形成してきた「非核の文化」そのものの声なのであるが、現在この声を押し潰そうとする力が強まっていることを、わたしたちは深刻に受け止めなければならない。そのためにも憲法運動を強め、憲法の生命である平和の思想を国内はもとより世界にも広げていかなくてはならないのである。広島・長崎の被爆体験から創り出された「非核の文化」こそ、日本のオリジナルな文化として世界に発信できる普遍的な平和の文化であり、言葉の正確な意味において「地球再生」の原理となるものである。そして、いまほど世界が平和の文化を希求しているときはないのである。世界の現実は、平和がわたしたちの生活の平和であってはじめて真の意味を持つことを教えているし、その平和な生活のなかでこそ、わたしたちのふる里の文化も育つことができるのである。

それだけに、この国と地球の生存にかかわる文化的、社会的、政治的な要求には、抵抗も強い。なぜなら、この民衆的な下からの平和のグローバリゼーションにたいしては、超大国やその追随勢力による正義の戦争論や経済改革に名を借りた上からのグローバリゼーションが抑圧的にはたらいているからである。専門的な学者や技術者といわれる人々も、ささやかなものであれ利益と名声を求めて、この上からのグローバリゼーションに馳せ参じた。彼らが専門家という権威のもとにまき散らした言論の影響は決して小さなものではない。現今のマスメディアがかつてないほど右傾化したといわれるところにも、そうした専門家たちの政治的、経済的動員の明らかな影響の大きさがうかがわれる。

彼らの国家正義を装った支配者的な言論は、決して単純なものではないということに留意すべきである。たとえば、彼らの憲法改正論議の原点にある「占領軍の押しつけ」という命題は、一方での現代のブッシュ政権が体現している抑圧的な軍事的グローバリズムには一言半句も触れずに、六十年前の「占領軍」から自立したところで憲法を改正すれば国の独立と安全が達成されるかのような幻想を描き出す。六十年前の「占領軍」は現代の危機とは直接には何ら関係ないものであるのに、それが現在の超大国による軍事的グローバリズムの抑圧と倒置されてしまう。ここではむしろ、憲法改正による「国家的自主の確立」という命題は、現実に超大国に追随し従属している国の実態を隠蔽する論理となってはたらく仕掛けとなっている。

六十年前の「占領軍」について言うなら、当時彼らの憲法草案に反映したものは、第二次世界大戦によって犠牲になった六千万人の死者の霊が求めた平和への叫びの声である。「もうこれで戦争は終わりにしたい」という痛切な世界の声がこだまして彼らの憲法草案に非戦・非武装の理念をもたらしたのである。それを「占領軍の押しつけ」などと矮小化することは本末転倒というべきである。それは戦死者の霊と人類の非戦の理念に対する侮辱である。もし、占領軍のことを問題にしたいのなら、憲法との関係においてではなく、沖縄などに継続している「米軍基地」の問題、あるいはマッカーサーの指令によって創設された七万五千人の警察予備隊（自衛隊の前身）の問題こそ論じられなければならない。しかも、この警察予備隊は中佐以下の旧軍人二百数十人が指導的な立場で参加するという事実上の軍隊化をめざして作られたものなのである。ところが、彼らの間からその歴史解明のための論議を聞くことはまったくできないのである。

また、わたしたちは、その国家正義の論理が軍事的な「大状況」にかかわるものばかりではなく、すでに「愛国教育」などのかたちをとった個々の学校教育といった「小状況」においても、たとえば「富士山は美しい」、だから「日本の国は美しい国だ」というようなかたちで進められていることに注目しなければならない。こうして山ですら序列化し、シンボル化してしまうかたちで、一極的な意識への誘導と過剰な国家美化の論理をベースにすすめられている。それは天心（彼は本県北茨城市の五浦で絵画の革新運動に取り組んだ）が、その五浦に即して「名山一角詩骨を托す」とうたい、啄木が「ふるさとの山はありがたきかな」と歌ったように、それぞれのふる里の山々への愛着やそれらの自然が持っている多様な存在への意識を減退させ、その子どもたちの意識を富士山であるとか日本国であるとかという一極的、均質的なかたちのナショナル・アイデンティティの概念にはめ込んでしまう意味において、もっとも有害なものである。

かつて、私たちはそうした排外的な美を説く国家主義的な論説によって、他民族の文化に優越する日本的な美を信じ込まされ、ついには他民族に優越する日本民族という神話の世界に迷い込まされた歴史を持った。いま、こうした事実にたいする歴史認識を失った政府の教育指導部は、愛国教育を通じて再び日本的な美や郷土への忠誠についてのナショナル・コンセンサスをめざしている。教育基本法の改定や新首相の著書の題名となった「美しい国へ」という政治的スローガンにも、そうした日本賛美による「統治の思想」が横溢している。この意味では、その自然や文化にたいする過剰な美意識や伝統意識の強調、あるいは国家的なものへの意識の誘導は、彼ら改憲派の「日本管理」の思想・方法をあらわすものであり、政治的には憲法とは相容れないかたちの国家主義的な「管理民主主義」への道を示すものといえる。

それを学習指導要領というような国家主導の教育によって規定された教師たちが、さきの富士山の例に見られたように自らの型通りの職業意識のままに懸命に努力してしまう姿が身近な教育現場で見られているのである。そうした均質化した「愛国教育」がかつて戦闘的な軍国主義の精神的基盤ともなり、さらには戦争そのものの推進力ともなったことにたいする反省は、教育基本法を改正した政治の力によって消し去られつつある。

富士山であれ、国家的な文化伝統であれ、東大的な知の問題であれ、そうした一極的に序列化された価値の鋳型づくりは、世界にはもとより日本にも富士山に劣らない名山がたくさんあり、都にも劣らない地方的な文化伝統が多様に存在し、大学では東大に劣らない多様な知が他にもあるという事実を見えなくしてしまう。国家的な美というようなものは存在せず、生活の中の美こそ尊いのに、この平凡な真実に眼をふさいでしまう。そして、そうした価値の序列化は、「愛国者」という価値の反対側に「非国民」という排除の存在を作り出すように、一方での歪められた価値の固定化と独占、他方での価値的な分裂と分断の意識をもたらす。それは自国民の分断だけにとどまらず、かつて八紘一宇の思想によって強行されたように他国民・他民族との分断に発展させられていく危機を内包している。

それゆえ、この国際化した時代において、自国の価値のみを重視し、他国の諸価値を軽視するような精神的傾向を助長するような教育は有害なものであることを強調しなければならない。そこでは探求が要請されている東アジア共同体への精神的意欲も減退されてしまうことは明らかである。わたしは、そうした「愛国教育」を子どもたちにすすめる教師たちを見ると、彼らがつぶらな子どもたちの瞳に愛国の鞭を突き刺しているような何とも形容し難い痛みを覚えざるを得ないのである。

もちろん、こうした「愛国教育」が意図される背景にあるのは、文化的、道徳的な規範意識や伝統意識だけの問題ではない。グローバル化する社会にあって、国や社会を結集していた規範的なものが溶解し、集団的な価値観が揺らいでいる現状に危機感を抱いて、それを「公益」であるとか「国益」であるとか「公的秩序」であるとか「日の丸」などによって補強していこうとする国家的な統治意識があることは明白である。ここでの最大の問題は、経済や文化がグローバル化することによって人間社会に影響を与えるものの要因を科学的に解明しないで、学校や社会の変容の原因を個人のあり方、その利己心やら過度の自由といったところに求めて、その抑制のために「公的なもの」を注入しようとしていることである。改正前の教育基本法にいう「個人の尊厳」と「人間の育成」という憲法理念を排除し、「故郷」や「国」への「愛」やその「態度」を押しつけ的に説いているのは、そうした「愛国教育」の露骨なあらわれである。

二〇〇六年十一月の教育再生会議（野依良治座長）は、安倍首相も出席のもと、その露骨な国家的な教育政策にそって、いじめなどの問題を起こした児童・生徒と、それを適切に防止できなかった教員への懲罰の方針を決めた。社会的な要因に目を塞いで、児童・生徒や教員を「加害者」として断罪し、その一番安易なところに責任を転嫁しようという安倍政権の刑罰的「管理民主主義」の典型的なあらわれがまた一つつけ加えられたのである。この新方針は強権的な「管理民主主義」の推進者にしてはじめてできる「緊急提言」というべきである。そしてついに、二〇〇六年十二月十五日、安倍内閣は国会の多数をもって教育基本法の改正案と自衛隊の「省」昇格法案を可決し、文字通りの「民主独裁」を実現した。憲法九条下の「防衛省」の設置は実質的にその第二項を廃棄するに等しいことを考えると、これは彼らの「多数者革命」としてのクーデターに類する民主独裁といえるものであり、戦後民主主義にとってこの十二月十五日は第二の「敗戦記念日」ともなりうる事態といえる。

したがって、わたしたちは、憲法を守り発展させる運動をする以上、こうした現実を歪める愛国的な国家論議や教育論議、あるいは日本再編の軍事論議に見られる言葉の美化や、アメリカとの軍事同盟によってしか日本の安全が守れないという一面化した論議を批判しつつ、自らの対抗的な憲法や教育の議論を個人的にも集団的にも積極的に提示し展開していかなければならないと考えるのである。

3

以上のことは、憲法にかかわる一般的な問題提起であり問題意識であるが、人にそれぞれの憲法への思いがあるように、わたし個人にもそれがあるので、この個人の思いについて述べることを許していただきたい。この憲法への個人の思いについては、わたしにあるのは「人権」にかかわる問題意識であった。それは一九六六年（昭和四一）の「一〇・二一国際反戦デー」の統一ストに参加した自治労勝田市職の友人が、「作られた公文書毀棄事件」に問われ、刑事被告人とされたことにかかわる。この被告人の名をとった「吉森事件」は、労働組合の関係者には冤罪だとはじめからわかっていた事件であったが、警察は市長に告発状を書かせて起訴に持ち込むことを強行し、検察もそれに同調して起訴したため、彼吉森清司君は組合の支援のもと水戸地裁に無実を訴えて争った。しかし、一九六九年（昭和四四）、水戸地裁は友人に「懲役四月。執行猶予一年」の有罪判決をした。無実の者が有罪になるという窮極の人権蹂躙が国家の手によって犯されたのである。

憲法は、「何人も、法律の定める手続きによらなければ、その生命若しくは自由を奪われ、又はその他の刑罰を科せられない」（三一条）と定めているが、無実の者が有罪となるという事態はその「法律の定める手続き」の明らかな過誤から生まれたものであることを意味していた。そしてその「過誤」は真相糾明にたいする努力に努力を重ねた結果を意味する「千慮の一失」として生まれたものではなく、最初から労働組合とその活動家にたいする予断と偏見にもとづいて起訴を強行した警察と検察の意図的な労働者抑圧政策にあり、裁判所もまたそれを漫然と認めたことにおいて、この無実の者を罰したという事件は明らかな国家の側の犯罪であった。憲法によって国家が国民にたいして守ると約束していた人権を、国家自らが破ったのである。

その後、わたしは、この有罪とされた吉森君の無罪獲得のために作られた「守る会」の事務局を担当し、茨城大学の木戸田四郎教授を会長に迎えて、その「無罪の実現と職場復帰」、市民的な「冤罪糾明」の運動に取り組んだ。このなかでは、若き精力的な木戸田教授が「有罪者」とされた友人の「無罪アピール」署名のために茨城大学中を駆け回って何人かの学部長をふくむ教授・助教授など百名をこえる署名を集めてくださるというような成果もあって最高検察庁との交渉が実現し、また労組関係者の新証人も出て、最終的には一九七一年（昭和四六）、最高検が「判決に影響を及ぼすべき重大な事実の誤認」（刑訴法第四一一条三号）を認める答弁補充書を提出することになり、最高裁も確定判決の「破棄自判」をし、わたしたちは逆転無罪をかちとることができた。これは文字通り、この「ふる里・茨城」において国家の権力による冤罪をはねかえし、労働者と市民が憲法で保障された人権と、法によらなければ「刑罰を受けない権利」を自らの努力によって守った出来事であった。

わたしがこの事件を「ふる里の憲法問題」として思い起こすのは、単にその刑事事件にたいする無罪のたたかいとしてだけではない。そこには茨城大学と市民を結ぶ人文主義的な共同の成果があって、それが労働者・市民の人権擁護にも大きな力を発揮しえたということに大きな教訓を感じるからである。いわば、そこでは大学の人文学が文字通りのヒューマニズムの学問として市民との結合を強め、時代が要請する人間的な問題へのアプローチの理想的なモデルを作り出したということができる。こうしたモデルが今後ともさまざまなかたちを取って作られ、ふる里・茨城の民主主義の活性化に貢献することを期待するのである。

個人的な憲法への思いの第二は、二〇〇一年に、熊本地裁がハンセン病国家賠償訴訟において「らい予防法」にもとづく隔離政策は違憲だとする判決を下したことにかかわる。その判決を受けて、学者や行政経験者による「検証会議」が被害の実態調査を行うことになったが、その報告が二〇〇三年（中間報告）と二〇〇五年（最終報告）に行われた。

この二つの報告は、人権を保障した憲法下において、「ハンセン病者」（それは患者というよりも病歴を持つ者というのがふさわしい）にたいしてかくも無惨な人権無視の「隔離政策」が半世紀以上にわたって継続されてきたという事実を明らかにした。その実態は、立法機関たる国会と、その法的実行機関である行政や司法の怠慢と不作為が犯罪の領域にまで達していたということを示すものであった。それは、一五四体に及ぶ「標本胎児」の存在と、数千におよぶ強制堕胎という事実が赤裸々に示した犯罪的事実によって知られるものである。それは「犯罪的」というよりもまさしく国家犯罪というにふさわしい。なぜなら、それらの隔離政策が国家政策として推進されてきたからであり、それらの犯罪的な政策を推進してきたのが公務員であったからである。しかも、その公務員のだれ一人として「自らの犯罪」を自覚して責任を取った者がいないという事実があり、またそのだれ一人として罰せられた者がいなかったという事実があった。自らの立法責任とその不明を恥じて辞職した国会議員も一人もいなかった。

この「みんなで渡れば怖くない」式の公務員意識や国家状況ほど、憲法の法秩序に反するものはない。憲法が真に国のリーダーたちのなかに生きていないことを、これほどあからさまに示した事件はなかったのである。これはわたしにとって実に衝撃的なことであったが、考えてみれば憲法が国会議員をはじめ公務員のなかにはまだまだ真の存在性を持たず、国政の中心にも据えられていなかったという事実を示しただけということもいえるのである。そうでなければ、さきに示した茨城における冤罪としての「吉森事件」で触れたように、「茨城の地」でできたことが、英知浅からぬ「全国の地」でハンセン病者に対してできないはずはないからである。このため、ハンセン病歴者たちは自らの苦闘をもってそうした人権回復の努力をし、国家賠償請求裁判も起こして熊本地裁にまでたどり着いたのであったが、問題なのはその彼らを孤立させてきた国民の人権意識であり、国会議員や法律家やメディア関係者たちの少数者の民主的な諸権利にたいする法治認識である。

この法治と人権認識ということでは、憲法にたいする個人的な思いの三つ目の問題である「JR浦和電車区事件」と直結する。これは二〇〇二年十一月に起こった事件であったが、私なりにその解明に取り組んだ経験から、この労働運動を「犯罪」として描き出した事件によって、いよいよ憲法が国家権力によって公然と無視される時代が来たと痛感させられた。この意味では、「浦和事件」はさきに触れたハンセン病歴者への犯罪的な人権差別と根本を同じくするもう一つの「国家犯罪」だと確言できる。ある意味では、ハンセン病については医療者の知的限界やそれゆえの政策的誤りという悪意のない錯誤も見られなくはなかったから、それにくらべるとこの「浦和事件」の方は始めから公安警察が権力を濫用して冤罪を承知の上で事件を作りだし、労働組合の解体をめざしたことにおいて、憲法で保障された労働基本権を公然と踏みにじる国家行為としての反民主主義的な性格はいっそう悪質だといえる。

冤罪事件については、茨城においても、四十年ほど前に利根町で起こった「布川事件」があり、その犯人とされた二人の受刑者が再審請求をしているということを知っていたし、その冤罪解明と人権救済の運動が、「物言わぬ六法全書」にまかせるのではなく、それにかわって市民自身が物を言うことの大切さを教えていたから、私もまた一人の市民としてこの「JR浦和電車区事件」についても警察や検察へ異議の申し立てをすることが、自らの民主主義を守るために重要だと考えたのである。

一般の人々にとっては、ハンセン病歴者や刑事事件の被告人、あるいは受刑者は、社会の少数者のなかの少数者であるので、自分たちとはあまり関係がない、ハンセン病歴者の問題はその関係医療施設や管理機関にまかせておけばいい、犯罪の被告人や受刑者の問題は司法機関などにまかせておけばいいと考えてしまう向きがあるかもしれない。そう考える人たちは、日本は民主主義の国だから、医療機関や司法機関は法律にしたがって適切に運営されていると期待しているのであろうが、実態はそれほど単純ではない。なぜなら、医療においても、司法においても、国家の権力をもった執行者たちの抱いている国家的な統治の観念と現実との間には大きな乖離があるからである。

このことを一般化して言うなら、「国家の正義」というものがもしあるとするなら、それは「国民の正義」と整合してはじめて成り立つというのが民主主義の原則であるといえるが、実際はしばしばこれが逆転させられている。つまり、「国民の正義」を「国家の正義」に服従させることによって国民への統治を貫徹させるというのが支配的な権力機構の常套手段となっているのである。冤罪にさらされた被告や受刑者の「正義」は、その抑圧からの解放をもってしか達成されないが、一方の司法権力は自らの「正義」をまっとうすることが「統治の正義」にかなうという強固な観念を持っているわけである。そこでは憲法も刑法も刑事訴訟法も、基本的人権もしばしば無視される。彼ら権力の側から見れば、権力の発動はすべて「国家の正義」にかなうことによって「合法」となる。

そうしたプロセスにおいて、ハンセン病者のみならず一般刑事事件にかかわる司法制度においても、その正義の名において、多くの冤罪を作りだしてきた。最高裁判所で死刑となって後に、再審制度によって死刑から甦った死刑囚の事件（免田事件や財田川事件など）はみなそうである。冤罪の無期懲役や有期懲役の例はさらに多い。本県の「布川事件」もその一つである。これらの事件は、憲法にもとづく人権尊重よりも統治のための「国家の正義」の押しつけを優先することによって、国家犯罪が多発している現実を示している。

とくに酷い憲法無視の実態は、世界に冠たる野蛮といってもいいくらいに、司法制度のなかの未決拘禁者にたいする「勾留制度」として公然と維持されている。それは、裁判による判決なしで、数百日も勾留するということがしばしば起こる事実によって知られるものである。たとえば、さきのＪＲ浦和電車区事件の七人の被告は三四四日間も勾留されたし、鈴木宗男衆院議員の収賄事件解明のために別件的に逮捕・起訴された外務省職員の佐藤優氏の場合は五一二日間も勾留されたのである。ビラ配布で逮捕・起訴された立川市の反戦グループ三人の場合は、その言論・表現の自由を行使しただけなのに、七五日間も拘留された。それでいて、二〇〇六年十月に逮捕され、十一月に起訴された前福島県知事の佐藤栄佐久の場合は、知事の権力がからむ巨額の収賄事件であるにもかかわらず、わずか二二日間の勾留であった。この「わずか二十二日の勾留」というのは法の原則からいえば正しいことであるが、一方のＪＲ東労組組合員の冤罪の被告にたいする三四四日間や佐藤優氏の五一二日間の勾留とくらべてみるなら、その「法の正しさ」は法の下の不平等という「法の不正」に転化するのである。

したがって、この種の問題を限られた少数者の問題として無視してはならないのである。こうした少数者の問題にこそ、民主主義の本質があらわれているからである。三百年以上も前に、徳川家康は、その国（当時の日本は幕藩体制のもと三百ほどの「国」にわかれていた）の状態は罪人の状態によってわかると述べたというが、その少数者の実態が国家の実態をあらわすというのは司法制度における民主主義についてもいえることなのである。民主主義の鉄則である少数者尊重の真の姿は、これら被告人や受刑者への人権尊重の度合いによって試されているのである。

4

この意味では、国政においても、平和の問題にしても、あるいはふる里の建設の問題においても、「憲法あって憲法なし」という不思議な状態が日本にはまだまだたくさんあることを示している。なぜそうなってしまったのかということについて反省すると、わたしたち自身（住民・国民）の側にも、いろいろ反省するところが数多くある。国民の立場からも、住民の立場からも、わが国やわがふる里のために、市民生活を通して憲法を実現するための努力を十分にしてこなかったということが第一である。第二は、そのために役立つように憲法について「知る努力」を十分にして来なかったということがある。「知らなければ」、その意味も分からないから、その「実現のため」の努力もしないことになってしまう。それでは、ふる里の文化を高めるうえからも、政治や経済の民主化をはかるためにも、あるいはまた戦争をなくして平和に暮らす文化を世界にひろげるためにも、憲法を生かすことができない。

そう反省して、わたしたちは「ふる里・茨城」の地において、憲法を知り、憲法を暮らしの中に生かす努力をしようということになって、ほそぼそながら学習を積み重ねてきた。この憲法学習のなかで知り得た最大のことは、現行憲法が世界で唯一といっていいほど、戦争をなくして平和な国と世界を創造しようという高い道徳性と思想性を持っている憲法だということである。まさに、この憲法こそ、近代立憲主義の限界としての国家と戦争の合法的関係を乗りこえて、戦争の禁止と国民の戦争からの自由を保障することによって国家としての生存権を確保するという新しい立憲主義への道を拓いたものであった。なぜそのような世界でも例のないような憲法が生まれたのかといえば、世界で六千万人も死んだ第二次世界大戦の苦難において、戦争を無くしたいという強い希望を母胎としていたからである。この憲法の母なる価値意識は、世界の数千年にも及ぶ知識や思想が体現した価値と比べても最高峰のものであり、文字通り世界の英知と希望が集中したものであった。

この憲法の価値を生み出した当時の平和の精神とくらべたなら、いま自民党などがひけらかしている改憲の精神的な浅薄さはだれが見ても明らかである。彼らにできることといえば、戦争のできる国家への野心を愛国的な高唱の調べによって隠蔽することであり、平和主義という憲法の根本原則を廃棄することである。しかし、わたしたちは、アメリカ憲法が圧政（イギリス帝国の支配）を打倒して作った独立民主の意気に燃えた憲法であるがゆえに尊いと同じように、日本国憲法が人類史上はじめて戦争の放棄と武力の廃絶を決意し、平和によって世界的な共同を目指していることによって尊いことを知っている。それゆえ、わたしたちは、人類が戦争と共存できないことを教えている人類最初の憲法であることを強調するのである。

いま、わたしたちは戦争という国家の強権的手段によって、多くの人命と都市の破壊を産み、世界がどれほど悲惨になっているかを知っている。同時に、わたしたちは一つ一つの戦争を終わらせることができることも知っている。人類はその努力をたゆまず続けてきた。しかし、人類はすべての戦争を廃絶することができることについては、まだよく知らないし、その世界的な試みの経験もない。そのために、国々が膨大な財貨を投じて軍備をたくわえ、その拡大強化にとり組むことが安全の保障になるかのような幻想に囚われている。

しかし、すべての戦争は廃絶できるのである。なぜなら、戦争は人類が産み出したものであり、人知をこえた自然現象でも地球の物理に規制されたものでもないからである。どんなものであれ、人間が作り出したものは、人間が廃絶することができる。戦争についても同じである。

日本国憲法の第九条は一国の範囲であれ、その理念を現に示しているのである。この第九条の立場に立てば、世界は戦争によって人を殺すこともなくなり、何百兆円という軍備費も人々の平和のための諸活動に振り向けることができる。それだけでも世界の富は増大し、世界の貧困撲滅の大きな柱となることは疑いない。

たしかに、ここには帝国的な支配の論理や企みがかかわって、その作られた正義と不正義の物語が押しつけられるから、それを読み解き、その解明のなかから第九条の平和の論理を現実的な生活の営みのなかに生成していくのは容易なことではない。しかし、容易ではないがその可能性はある。超大国として地球を全滅させることができるほどの軍事力を誇るアメリカが、その武力によっては中東の一国も平定できない姿をイラクにおいて晒しているという現実があるからである。武力によって平和をつくることはできないのである。この意味からも、一九四五年の敗戦から憲法制定までのわずかな日時のなかで実現した平和憲法の意義を再確認しなければならない。憲法九条に示されたこの偉大な創造の時間の記憶を失わない限り、わたしたちはこの人類史的な平和の可能性を信じることができる。それは日本的な創造であると同時に世界的な創造への可能性であった。この可能性を信じるかぎり、希望はまだまだある。状況は厳しいが、憲法九条が放つ光明はこの六十年間決して消えることはなかったのである。状況が厳しければ厳しいほどこの希望の光は輝きを増してきた。そうであればこそ、アジア的な帝国への野望がさまざまなかたちで語られ、推進されようとしている現在、この平和憲法という偉大な創造物を、自民党などの党派的な浅薄な俗論的防衛論議や寄せ集めの国家論をまぶした改憲案に譲ってはならないのである。

そして、この平和憲法への思いには、創造的なふる里への思いとつながる。ふる里を「わびしき思いに、ひとりなやむ、恋しやふるさと、なつかし父母、夢路にたどるは、さとの家路」(『旅愁』)という抒情のふる里に終わらせてしまってはならないという思いがあるからである。これは言い換えれば、この「旅愁」の歌詞が懐かしく美しい思いとともに人々の記憶に刻まれていると同じように、憲法がふる里の平和な記憶と結びあわされるような世の中をつくりたいという思いである。そうすれば、ふる里は憲法とともによみがえって、その「わびしく思い」と歌われたところは、「平和な思い」として人々の胸によみがえるに違いないと思うのである。犀星の「ふるさとは遠きにありて思ふもの　そして悲しくうたふもの」という詩句に合わせていえば、その「近きにありて思うもの　そして喜びをもって歌うもの」として実現するふる里である。

こうした思いから、わたしたち「茨城の思想研究会」は憲法学習をはじめたのであるが、それが実を結んでいくのは、もちろんこれからのことであろう。それは「学んで実践し」というこれからのわたしたちの努力にかかっている。そして、わたしたちはその未来のためにも、わたしたちが学んできたものを、「茨城の思想研究会編」の憲法運動論集として刊行し、わたしたちの学習会に参加できなかった地域のみなさんや、さらにひろくは日本国中のふる里のみなさんへ発信しようと考えたのである。たしかなことを学べば、必ず発展があると信じるからである。

たとえば、某日の私たちの研究会で、法学者の小林三衛氏や三石善吉氏から、自民党の「新憲法草案」(二〇〇五年十月発表)は憲法九条の全面改訂を意図したものであり、草案前文でも「新しい憲法を制定する」としていることを見ると、その「自主憲法」の草案自体が現行憲法の廃止を意味するものであって、憲法改正手続きを定めている憲法九六条にたいして違憲であるとの意見が出された。これはこれまで自民党の「自主憲法」論議を改憲論議として捉えてきた批判的運動に対して、それが現行憲法の「廃止」を本質とする「新憲法」(彼らの言う自主憲法)の制定をめざすものだとする新しい視点を提起するものであり、きわめて意義深い論点である。

この問題を歴史的に見れば、自衛隊(その前身)創設時における九条違反の違憲論議をかたちを換えて提起するものだといえる。一九五〇年七月のマッカーサーの吉田首相宛書簡が警察予備隊の創設と海上保安庁の拡充を「隠された軍隊」再編として指令したのにたいしては、当時の朝鮮戦争勃発直後の占領軍の強圧下において、十分な国民的論議が保障されなかったという事情があったが、現在はそれが独立国の国民主権のもとにおいて十分な論議が可能な状況が開けているのであるから、小林、三石両氏の提起する「自主憲法」なるものの「手続き違憲論」は、その国民的自由において十分に議論され、運動化されてしかるべき問題性を持っていると考えられる。いずれにしろ、自民党などがめざす「自主憲法」の「自主」の本質は憲法の魂ともいうべき「戦争の放棄」と「非武装」を定めた九条の本質を廃棄し、戦争のできる国家を作るところにあり、その意味では朝鮮戦争当時に作られることになった自衛隊の「非合法」状態を解除することが眼目であるから、現在再びその同じ「軍事問題」を背景にした九条改廃が意図されているということがいえるのである。

幸い、この学習過程で「9条連」を市民と労働者の立場から結成して、憲法運動を進めているみなさんとも知り合いになり、その連帯のなかで憲法運動を前進させて行こうということになって、全国的な「9条連」の共同代表をしている伊藤成彦氏からも寄稿していただくことができた。

同時に、わたしたちは「9条の会」を作って熱心に憲法運動をしている方々とも出会うことができた。そうした立場の木戸田四郎氏や田村武夫氏からも、本著のために玉稿をいただけたことは大きな喜びである。本著の中心的な論考を執筆してくださった小林三衛氏や三石善吉氏や吉田俊純氏も、大学人・研究者という立場をまっとうされておられる立場であり、さきに触れた「吉森事件」のときの人文主義的精神ということでいえば、その新たな現代的展開としての意義をもつ論考をお寄せいただけたと確信する。その他「茨城9条連」の代表である武井邦夫氏と塩谷善志郎氏をはじめ執筆者のみなさんについても、それぞれの立場から寄稿された意義ある実践的な論考として、心から敬意と感謝を申し上げたい。この執筆者によって示された共同の力がわたしたちの憲法運動の土台である。この土台に立って、今後はさらに多くの個人や団体と共同し、この平和の危機の時代において、戦後民主主義の砦としての憲法を守り、発展させるために一歩でも前進していきたいという熱い思いを抱いている。ふる里の県民をはじめ、日本と世界のあらゆる人々に心からの連帯を訴えるしだいである。

（茨城の思想研究会会長）


（参照）

室生犀星（一八八九―一九六二）詩人、小説家。石川県出身。「抒情小曲集」など。

石川啄木（一八八六―一九一二）歌人、詩人、評論家。岩手県出身。「一握の砂」「悲しき玩具」など。

岡倉天心（一八六二―一九一三）美学者、思想家。神奈川県出身。「東洋の思想」「茶の本」など。

湯川秀樹（一九〇七―一九八一）物理学者。東京都出身。ノーベル物理学賞受賞。科学者京都会議を主宰。世界平和七人委員会委員など。

第一篇 理論

第一章　憲法九条について

憲法九条と武器なき国防
――日本の脱武装化とその行程表――

三石善吉

本章は、日本の「武器なき国防政策」の行程表の提示を中心論題とするが、その前提として、第一節つまり一で憲法第九条の成立過程とその解釈の変遷を辿り、第二節すなわち二で日本を取り巻く「東アジア共同体」の現状と問題点を考察し、最後に、第三節つまり三で日本の「武器なき国防」の行程表を示すことにする。

一　第九条の成立と解釈の変遷

〈第九条の成立〉

「マッカーサー・ノート」の第二項、戦争放棄に関する部分はどのような変化をたどったか。現行憲法の第九条の文章になったのはいつか。以下では、このよく知られた事実を確認し、念のために、その解釈の変遷を辿っておくことにする。

まず、一九四六年二月三日に突如出現してきた「マッカーサー・ノート」第二項の英文原文と邦訳を掲げる(1)。

War as a sovereign right of the nation is abolished . Japan renounces it as an instrumentality for settling its disputes and even for preserving its own security. It relies upon the higher ideals which are now stirring the world for its defense and its protection.

No Japanese Army, Navy or Air Forces will ever be authorized and no right of belligerency will ever be conferred upon any Japanese forces.

国権の発動たる戦争は、禁止する。日本は、紛争解決のための手段としての戦争、さらに自己の安全を保持するための手段としての戦争をも、放棄する。日本は、その防衛と保護とを、今や世界を動かしつつある崇高な理想にゆだねる。日本が陸海空軍を持つ権能は、将来も与えられることはなく、交戦権が日本軍に与えられることもない。

この戦争放棄の条項を担当したのは、ケーディス大佐〔民生局次長〕(2)で、彼は二月四日から取り掛かり数日で完成する。彼はまず、この「マッカーサー・ノート」の条文の「削除」から着手する。彼は、前記下線部「さらに自己の安全を保障するための手段としての戦争をも」と「日本は、その防衛と保護とを、今や世界を動かしつつある崇高な理想に委ねる」を削除する。「あまりに理想的で、現実的でないと思ったからです。……どんな国でも、自分を守る権利があるからです」という理由である。(3)

つまり前記の二つの下線部が削除され、ケーディスはその代わりに、第二句の「放棄する renounce」という動詞をそのまま生かして、国連憲章第二条「武力による威嚇または武力の行使」をその主語に据え、一九二八年不戦条約の第一条後段の「国家の政策の手段としての戦争を放棄する」と重ねる。

ケーディスの完成した文章は、総司令部民生局草案、全一一章全九二条中の、第二章第八条にあたる。「マッカーサー・ノート」を削除・訂正・加筆したケーディスの原案は以下のようである。(4)

War as a sovereign right of the nation is abolished. The threat or use of force is forever renounced as a means for settling disputes with any other nation. No army,navy,air force,or other war potential will ever be authorized and no rights of belligerency will ever be conferred upon the State.

これに対する外務省仮訳は、以下のとおりである〔原文はカタカナ句読点なし。邦訳条文については以下同じ〕。

第八条　国民の一主権としての戦争は之を廃止す。他の国民との紛争解決の手段としての武力の威嚇又は使用は、永久に之を廃棄す。陸軍、海軍、空軍又は其の他の戦力は決して許諾せらるること無かるべく、又交戦状態の権利は、決して国家に授与せらるること無かるべし。

一九四六年二月二二日、総司令部案受け入れを決定した日本側は、民生局に諮りながら、三月五日までかかって、英文を「日本化」する。(5) 単なる翻訳ではなく、日米双方の歩み寄りがあり、「日本化」と言われるゆえんであり、日米合作の作業である。修正・翻訳の中心は内閣法制局第一部長の佐藤達夫である。(6) 「日本化」の過程で、つまり「一九四六年三月二日案」で、総司令部案の第八条は、第一章の天皇の章で一条増えたため、第九条となった。(7) すなわち、

第九条　戦争を国権の発動と認め、武力の威嚇又は行使を、他国との間の争議の解決の具とすることは、永久に之を廃止す。

陸海空軍其の他の戦力の保持及国の交戦権は之を認めず。

一九四六年三月六日午後五時の「憲法改正草案要綱」発表時点においては、第九条の文言は

次のようであった。要綱であるから条文の形をとっていない。

国の主権の発動として行ふ戦争及武力に依る威嚇又は武力の行使を他国との間の紛争の解決の具とすることは、永久にこれを抛棄すること。

陸海空軍其の他の戦力の保持は之を許さず、国の交戦権は之を認めざること。

一九四六年三月六日の「憲法改正草稿要綱」発表後、新しい憲法は口語でという要求を受け入れ、一九四六年四月一七日（総選挙の終わった日）に公表され、翌一八日の新聞報道によって、国民は始めて、「口語・平仮名」の憲法の全貌を知ることになる。この時の第九条の条文は次のようである〔句読点は原文による〕。

国の主権の発動たる戦争と、武力による威嚇又は武力の行使は、他国との間の紛争の解決の手段としては、永久にこれを抛棄する。

陸海空軍その他の戦力は、これを保持してはならない。国の交戦権は、これを認めない。

一九四六年六月二〇日から開かれた最後の帝国議会〔第九〇回〕において、日本国憲法はもう一度最後の修正を受ける。新憲法の審議は七月二三日に設けられた「帝国憲法改正案委員小委員会」〔秘密会である〕によって八月二〇まで行われ、政府案はかなりの修正を受ける。委員長、芦田均の名をとってこれを「芦田修正」という。

下文下線部に見られるように、第一項の冒頭の部分「日本国民は、正義と秩序を基調とする国際平和を誠実に希求し」は、日本国民の平和への意思を積極的に表明するために加えられた。「他国との間の紛争の解決の手段」は「如何にも持って回ってダラダラしているから」、これを「国際紛争を解決する手段」と改められた。最大の修正が第二項の冒頭に「前項の目的を達するため」の一句を挿入したことである。芦田均は「第九条第二項の冒頭に前項の目的を達するため、という文字を挿入したのは、私の修正した提案であって、これは両院でもそのまま採用された。従って戦力を保持しないというのは絶対にではなく、侵略戦争の場合に限る趣旨である」と説明した。これによって、「その後の自衛のための戦力を合憲とする解釈や主張(自衛戦力合憲説)の根拠になった(8)」。議会における修正を経て、第九条の最終形態は、次のようになった。修正された箇所は、下線部で(9)、これが現行の第九条である。

日本国民は、正義と秩序を基調とする国際平和を誠実に希求し、国権の発動たる戦争と、武力による威嚇又は武力の行使は、国際紛争を解決する手段としては、永久にこれを放棄する。
前項の目的を達するため、陸海空軍その他の戦力は、これを保持しない。国の交戦権は、これを認めない。

上述のように、九条第二項冒頭の「前項の目的を達するため」の句が加えられたため、「前項の目的」が「国際紛争を解決する手段としては」を指すのか、あるいは「国際平和を誠実に希求する」を指すのかで解釈が分かれ、全面放棄説〔自衛戦争放棄、自衛隊違憲〕と限定放棄説〔侵略戦争放棄、自衛隊合憲〕との対立を生み出すことになった。

〈第九条解釈の変化〉

ここでは、新憲法成立から現在に至るまでの九条解釈の変遷をたどっておく。出発点は憲法制定直後の時点における、政治家や学者、小学校の教科書に見える、理想に燃えた九条解釈である。戦争放棄・戦力不保持を格調高く謳った新憲法制定の「初心」をまず確認し、冷戦の開始とともに、自衛権を軸にして、なし崩し的にこの理念が放擲されていき、01・9・11ニューヨーク同時多発テロの発生以降は、まずアメリカにおいて一挙に兵営国家化が進行し、かつ日本においても、日本国憲法に規定する戦争放棄・戦力不保持をうたう第九条の理念が雲散霧消していく状況をたどる。

(1) 初心保持期〔一九四六年一一月三日～一九四九年一一月二一日〕

一九四六年六月二五日、吉田茂内閣総理大臣は六月二〇日から始まった第九〇回帝国議会の衆議院本会議で憲法改正案についての趣旨説明を行い、憲法第九条について「自衛権の発動としての戦争も、又交戦権も放棄したのであります。……此の高き理想を以て、平和愛好国の先頭に立ち、正義の大道を踏み進んで行かうと云う固き決意を此の国の根本法に明示せんとするものであります」と格調高く説明した。吉田総理発言のほぼ一週間後、金森徳次郎国務大臣も「是こそ我が国自ら捨身の態勢に立って、全世界の平和愛好諸国の先頭に立たんとする趣旨を明らかに致しまして、恒久平和を希求する我が大理想を力強く宣言したのであります」と同趣旨の発言をした。[10]

戦争放棄・戦力不保持の日本は、一体どういう形で恒久平和を確保することが出来るのであろうか。吉田総理は一九四六年七月四日衆議院委員会において、ＵＮＯ四八条〔国連憲章第四八条のこと〕を引きながら「ＵＮＯ自身が兵力を持って世界の平和を害する侵略国に対しては世界を挙げて此の侵略国を圧伏する抑圧するということになって居ります」と答弁している。[11] ＵＮＯとは言うまでもなく国際連合である。また、横田喜三郎『戦争の放棄』[12]は、「平和を愛好する諸国によって組織される国際平和団体にたより、それが侵略戦争を防止し、世界の平和を確保することによって、日本の安全も保証されるのである」と説く。国際平和団体とは国際連合のことである。「国際連合のような国際平和機構が他国の侵略を防いでくれる、というのが憲法の考えである」と。[13]

政治家も学者たちも、若干の論点の相違はあっても、憲法制定の直前直後にあっては、この「戦争放棄・戦力不保持」の国家を世界の平和を目指す「国際連合」の力で守られ得ると判断していていたと結論付けることができる。「国際連合」への絶対的信頼がうかがわれる。

「武器なき国家防衛」を「国際連合」に託すとの見解のほか、次のような興味深い発言も見られた。高柳賢三は一九四六年八月二六日、貴族院本会議において、「従来の主権国家の観念を捨てて世界連邦を作らなければならぬ時期に人類は到達して居る。……世界連邦の形における世界国家が成立すれば……世界に生起する総ての国際紛争は武力を背景とせず、理性によって解決されることになる。武力は世界警察力として、人類理性の僕としてのみ存在が許される」。高柳賢三は同じ心を、九月一三日貴族院委員会において「世界と云うものが連邦となって、そこに警察力と云うものが、何処の国にも属しない警察力と云うものが世界の平和を確保する、そう云う時代に向かうべきものではないか」と提案している。[14] 主権国家をアクターとする国際連合を止揚して、さらに統合力のある「世界連邦」を構想し、そこに「警察力」を集中して違反国を制裁するという構想である。

文部省の格調高い九条解釈は、小学校の教科書『あたらしい憲法のはなし』〔一九四七年〕の中の、次のような文章に見られる。

「……いま、やっと戦争はおわりました。二度とこんなおそろしい、かなしい思いをしたくないと思いませんか。……そこでこんどの憲法では、日本の国が、けっして二度と戦争をしないように、二つのことをきめました。その一つは、兵隊も軍隊も飛行機も、およそ戦争をするためのものは、いっさいもたないということです。……しかしみなさんは、けっして心ぼそく思うことはありません。日本は正しいことを、ほかの国よりさきに行ったのです。世の中に、正しいことぐらいつよいものはありません。……もう一つは、よその国と争いごとがおこったとき、けっして戦争によって、あいてを負かして、じぶんのいいぶんをとうそうとしないということをきめたのです[15]」。

(2)「武力によらざる自衛権」説〔一九四九年一一月二一日〕

一九四七年三月一二日、トルーマン・ドクトリンの発表によって世界は冷戦時代に突入する。日本は極東における反共の防波堤としての重要な戦略的意味を持つとされた。一九四九年一一月二一日に至って、吉田茂総理大臣は衆議院外務委員会の席上で、「日本は戦争を放棄し、軍備を放棄したのであるから、武力によらざる自衛権はある。外交その他の手段でもって国家を自衛する、守るという権利はむろんあると思います」と発言する。政府見解はこれまでずっと「自衛権・自衛戦争は放棄した」と答弁してきたのに、ここにおいて政府見解は見事に変化し、新しい「武力によらざる自衛権」の考えを打ち出したのである。[16] これ以後、憲法第九条は、冷戦体制の真っ只中で、自衛権を軸に急速に変質していく。政府による九条解釈の変化は、日本の軍事力増強に比例して、①警察予備隊期、②保安隊期、③自衛隊期、④01・9・11以後の四段階に分かれる。

(3)「警察予備隊」時代：「警察力を補う実力」説〔一九五〇年七月三〇日〕

「武力によらざる自衛権」なる吉田総理発言は、一九五〇年六月における極東の政治状況の変化によって、より「洗練」されたものになっていく。つまり、一九五〇年五月三〇日北朝鮮最高人民会議は南北統一案を採択〔北朝鮮の現今の核保有はこの初志貫徹のためであろう〕し、ほぼ一カ月後の六月二五日未明には三八度線全域にわたって戦争状態となり、北朝鮮軍は三八度線を越えて南進を開始した。朝鮮戦争の勃発である。マッカーサーはこれに対処すべく、同年七月八日吉田総理宛て書簡で、国家警察予備隊七五〇〇〇人の創設と海上保安庁八〇〇〇人の増員を指令した〔名目はあくまで国内の治安維持である〕。

一九五〇年七月三〇日、参議院本会議で吉田総理は、「警察予備隊の目的は全く治安維持にある。……日本の治安をいかにして維持するかというところにその目的があるのであり、従ってそれは軍隊ではない」と発言した。つまり政府は、憲法で放棄した「戦力」とは警察力を超える実力のことであり、警察予備隊はあくまで「警察」力を補うものであるから合憲であると説明した。[17]

ところで、「武力不行使・戦力不保持・自衛権放棄」の「マッカーサー・ノート」を書いたマッカーサー元帥自身は日本の国家防衛をどう考えていたのだろうか。古関彰一教授の分析は以下のようである。すなわち、マッカーサーの考えは「沖縄要塞化」構想である。一九四八年二月のことであるが、マッカーサーは大略次のように言っている。外部の侵略から日本の領土を防衛しようとするならば、われわれは陸・海軍よりもまず空軍に依拠しなければならない。沖縄は仮想敵ソ連に対する米国の防衛線にあたり、かつ米軍の強力にして有効な空軍作戦を準備するのに十分な面積がある。かくて、沖縄を要塞化することによって、日本の本土に軍隊を維持することなく、外部の侵略に対し日本の安全を確保することができようと。[18]

（4）「保安隊」時代：「近代戦争遂行に役立つ程度の装備・編成」ではない説〔一九五二年一一月二五日〕

一九五二年四月二八日、対日平和条約と日米安全保障条約が発効し、連合軍による占領期は終わって、日本は〔名目上は〕完全独立国となったが、同日発効の日米安全保障条約によって、日本はアメリカの傘のもとに組み込まれて自衛力の強化を図らされる。

一九五二年七月三一日「保安庁法」が公布される。保安庁が設置されて警察予備隊が保安隊となり、海上には警備隊が新設された。保安隊はこの年の一〇月一五日に発足する。政府の「戦力」解釈も当然変化し、一九五〇年の「警察力を補う実力」説から、一九五二年一一月二五日第４次吉田内閣の統一見解によれば、憲法で禁止している「戦力」とは「近代戦争遂行に役立つ程度の装備・編成を具えるものをいう」と変化した。つまり、保安隊・警備隊の装備は「近代戦遂行に役立たない装備」であるから「戦力」には入らず、従って「憲法違反」ではないとしたのである。(19)

（5）「自衛隊」時代：「自衛のための必要最小限度の実力」説〔一九五四年五月七日〕

一九五四年三月八日、米国と「相互防衛援助協定ＭＳＡ」が結ばれ、一ヵ月後の五月一日に発効する。日本は防衛力を増強する義務を負うことになって、一九五四年六月九日「防衛庁設置法」と「自衛隊法」が公布され〔七月一日施行〕、保安隊・警備隊は「陸・海・空」三軍をもつ自衛隊となった。当然自衛隊は憲法の禁ずる軍隊ではないかとの議論が噴出する。鳩山一郎総理は一九五五年三月二九日参議院予算委員会で、率直に「九条の改正を考えている」と答弁し、岸信介総理は一九五七年五月七日参議院予算委員会で、韜晦して「自衛のための必要最小限度の力は違憲ではない」と答弁した。

一九七二年一一月一三日にも吉国一郎内閣法制局長官は参議院予算委員会で「憲法第九条二項が保持を禁じている戦力は、自衛のための必要最小限度を超えるものでございます。それ以下の実力の保持は、同条項によって禁じられてはいないということでございまして、この見解は、年来政府のとっているところでございます」と答弁した。つまり「自衛のための必要最小限度の実力」は、憲法で保持することを禁じている「戦力」には当たらない、とするものである。これがその後の政府の公定解釈となった。[20]

(6) 違憲立法「有事三法＋有事七法案」の成立―小泉内閣の豹変

二〇〇一（平成一三）年五月八日、小泉総理は土井たか子議員の「小泉内閣発足にあたって国政の基本に関する質問」に答えて、「自衛隊は……憲法上自衛のための必要最小限度を超える実力を保持し得ない」との従来の政府見解を繰り返した。しかしその四ヵ月後に01・9・11のニューヨーク同時多発テロが発生する。これを奇貨として、以後ブッシュ大統領はテロ撲滅・ならず者国家懲罰を口実に、国際世論を無視して、アフガニスタン・イラク攻撃と暴走し、アメリカは一挙に兵営国家化する。この潮流に世界に先駆けて同調したのが小泉政権である。

二〇〇三年五月二〇日の衆議院本会議で小泉総理は「実質的に自衛隊は軍隊であろう。しかし、それを言ってはならないと言うのは不自然だと思う」と発言する。「自衛隊は軍隊だ」との発言は、歴代総理のついぞ言わなかったことであって、かくて、この政権下において、二〇〇三年六月六日に「武力攻撃事態対処法（基本理念・手続き・首相の権限等）」・「改正自衛隊法（自衛隊の行動の円滑化）」・「改正安全保障会議設置法（専門的な補佐組織）」の「有事三法」が成立する。

ついで二〇〇四年六月一四日には「米軍行動円滑化法案（物品・役務の米軍への提供）」・「自衛隊法改正案（米軍への物品・役務提供の手続き）」・「外国軍用品等海上輸送規制法案（海上輸送への臨検）」・「交通・通信利用法案（自衛隊による港湾空港等の優先的利用）」・「国民保護法案（国民の避難救援の手続き）」・「国際人道法違反処罰法案（国際人道法違反行為の処罰）」・「捕虜等取り扱い法案（捕虜の拘束などの手続き）」と言った「有事関連七法案」が成立する。これらの法案はいずれも憲法第九条の武力不行使・戦力不保持・交戦権の否認に違反しており、小泉政権〔つまり保守政権〕に残された課題は防衛庁の昇格と自衛隊を日のあたる場所に連れ出す憲法第九条の改正のみとなった。

こうして、憲法九条の「武力不行使・戦力不保持」の高い理念は、まず冷戦時代の出現によって、しかも他ならぬマッカーサー自身の手によって、空洞化され、ついで01・9・11を奇貨とする小泉政権によって、実質的に放棄された。世界は今や、ハンチントンの危惧する「文明の衝突」によって厳しい対立緊張が生み出されている。われわれは、今こそ憲法第九条の「武力不行使・戦力不保持」の高い理念に立ち返るべき時であると考える。もう一度、初心に、つまり憲法制定直後の希望に満ちた精神状況に、回帰すべきではないだろうか。「武力不行使・戦力不保持」を断行した国家が、国際連合の力で世界の平和に貢献しようと誓った、その精神に立ち戻るべきではなかろうか。日本の国家防衛は「武力による自衛権」の行使ではなくて、憲法第九条の趣旨に従って、「武器なき国家防衛」に立ち戻るべきではあるまいか。

繰り返し言えば、冷戦体制の出現によって、「武力不行使・戦力不保持・国連体制尊重」の理念は捻じ曲げられて「武力による自衛権論」へと迷いこむが、冷戦体制の崩壊後の今日にあっては、再び、その原点へと立ち戻り、「武力不行使・戦力不保持・国連体制尊重」を国策の中心にすえ、「武器なき国家防衛」を断行すべしと考える。日本の採るべき脱武装化計画については、三で論ずることにしよう。

二　東アジア共同体の現状

日本の「武器なき国防」を考える前に、この節では、日本を取り巻く東アジアの現状、特に現今盛んになった「東アジア共同体」論の現状と問題点を一瞥しておくことにする。

なお、国家統合あるいは共同体形成には、理論的に言って、二つの形態がある。一つはEUのように、国家主権を制限し、構成国の上に立つ「超国家機関」〔ブリュッセル〕が構成国を調整支配する「国家主権制限型」の国家統合〔Ernst Hass カリフォルニア大・バークレー校〕と、もう一つは、国家主権を制限することなく、緊密な交流関係を作り上げることによって、実質的に安全で平和な共同体が出来るとする「交流主義」型〔Karl Deutsch ハーバード大〕である。

ところで、「東アジア」の一五カ国（ASEAN10+3+台湾・北朝鮮）は、政治体制の観点からすると、極めて多様で、あたかも政治体制の見本市の如き観を呈し、リンスとステパンの指標に依拠して、分類すると以下の四群に分かれる。

第一群「ポスト全体主義体制」中国・ベトナム・ラオス

第二群「権威主義体制」ビルマ（ミャンマー）・マレーシア・シンガポール

第三群「スルタン主義体制」北朝鮮・ブルネイ

第四群『民主主義体制』台湾・韓国・インドネシア・フィリッピン・タイ・カンボジア

また、中核となるASEAN諸国も〔一九六七年八月インドネシア・マレーシア・フィリッピン・シンガポール・タイ〕＋〔一九八四年一月ブルネイ〕＋〔一九九五年七月ベトナム〕＋〔一九九七年七月ラオス・ミャンマー（ビルマ）〕＋〔一九九九年四月カンボジア〕と段階を追って成長発展してきており、これに日中韓が加わってAPT一三カ国となり、さらに台湾と北朝鮮を加えて「東アジア共同体」一五カ国となる[21]。

このように多様な国家形態が共存する東アジアの政治の現状から考えると、ドイッチュ教授の「交流主義アプローチ」が実際的・現実的であろう。事実、二〇〇五年一二月現在の方向性は、以下に示すように、FTA（自由貿易協定）を中核とする「東アジア〔経済〕共同体」の形成である。

〈東アジア共同体の現状[22]〉

二〇〇五年一二月一二日〜一四日、マレーシアのクアラルンプールで、まず（A）〈ASEAN 10〉の首脳会議、次いで（B）〈APT〉〔ASEAN 10+3（ASEAN10 plus three）〕一三ヶ国の首脳会議、最後に（C）〈APT+3〔印・豪・NZ＋招待ロシア〕〉一六カ国の首脳会議が開かれ、三宣言、一声明が採択され、将来における「東アジア共同体」の形成が明確な目標として掲げられた。

（A）、〇五年一二月一二日、〈ASEAN 10〉首脳会議は、「ASEAN憲章起草に関するクワラルンプール宣言」と「ASEAN首脳会議議長声明」とを採択した。

前者は、二〇二〇年までにASEAN共同体〔＝単一市場・単一生産拠点〕の実現を目指す。その最高規範となる「ASEAN憲章」の起草を「賢人会議」に委ねることを宣言するもので、その憲章の骨子は、「共同体形成を促し、強固な基盤となる憲章の必要性を確信。ＡＳＥＡＮ全加盟国に共通する利益を追求。民主主義や人権尊重、よき統治を推進し、民主的制度を強化」である。なお「賢人会議」は加盟国の有識者で構成し、「ＡＳＥＡＮ憲章」草案を二〇〇六年中に作成する。賢人会議には、マレーシアのムサ・ヒタム元副首相、フィリッピンのラモス元大統領、インドネシアのアラタス元外相らが加わる。

この「クワラルンプール宣言」は、「二〇二〇年ＡＳＥＡＮ共同体実現」・「二〇〇七年ＡＳＥＡＮ憲章制定」「民主化」にまとめられよう。

後者は「ＡＳＥＡＮ首脳会議議長声明」である。その要旨は、「ＡＳＥＡＮ憲章制定のため賢人グループを設置する。ミャンマーに対し民主化プロセス促進を奨励し、拘束下にある全ての人々の解放を呼びかける。豪州、モンゴル、ニュージーランドの東南アジア友好協力条約署名を歓迎する。将来の東アジア共同体実現に向けたＡＳＥＡＮ＋三の主要な役割を確認する」。

この議長声明が採択された背景は、ミャンマーの民主化運動指導者アウンサンスーチーさんの自宅軟禁が長期化し、国際社会の批判が高まるなかで、これ以上放置するとＡＳＥＡＮ全体の信用低下につながりかねないとの判断があったからである。

この声明は、ＡＳＥＡＮの内政不干渉政策の軌道修正、民主国家への脱皮とまとめられよう。

（Ｂ）〈ＡＰＴ〉一三カ国による首脳会議：二〇〇五年一二月一二日。「ＡＳＥＡＮ＋日中韓首脳会議」の「クアラルンプール宣言」（要旨）。①地域・国際の平和と安全、繁栄・進歩の維持に貢献する東アジア共同体を長期的目標として実現する共通の決意を改めて表明する。②ＡＳＥＡＮと日中韓は引き続きこの目的を達成するための「主要な手段・main vehicle・主渠道」である。③東アジア共同体の形成を導き、かつ政治的勢いを提供するため、ＡＳＥＡＮと日中韓首脳会議を毎年開催する。④東アジア共同体形成の将来の方向性を示すため、東アジア協力の〔一九九九年一一月の「東アジア協力に関する共同声明」次ぐ〕第二の共同声明を二〇〇七年に作成するため、協調的な努力を開始し、調整と必要なフォローアップを外相に指示する。⑤東アジア諸国の学生、学者、研究者、芸術家、メディア、青少年の間の更なる相互交流を通じた考えの共有を促進する。⑥不寛容と戦い、かつ文化・文明間の理解を改善するため、知識人、シンクタンクのメンバー、宗教家および学者間の恒常的交流を行う。

この宣言は、〈ＡＰＴ〉首脳会議は東アジア共同体形成の「主要な手段」、〈ＡＰＴ〉の協力促進、二〇〇七年には「東アジア協力に関する共同声明」の発表、の三点にまとめられよう。

（Ｃ）、「第一回東アジア・サミット（東アジア首脳会議）」〔〈ＡＰＴ〉＋インド・豪州・ニュージーランドの全一六カ国〕：二〇〇五年一二月一四日、「サミット宣言」〔要旨〕。①サミットがこの地域における共同体の形成に「重要な役割・significant role・重要作用」を果たしうるとの見方を共有する、②東アジアにおける平和、安定、経済的繁栄の促進を目的とした対話のためのフォーラムとしてサミットを設置する、③サミットは以下の分野での協力促進を焦点とする。(a)公正、民主的かつ調和的な環境で平和的に共存するための政治・安全保障問題についての戦略的対話の進展、(b)人道支援、金融協力、エネルギー安全保障、貧困撲滅など、(c)国民生活と福祉向上、環境保護、感染症予防、自然災害被害の軽減、④サミットは定期的に開催され、参加はASEANが設定した基準に基づく。主催はASEAN議長国、開催は年次ASEAN首脳会議と同時とする。

この宣言は、一六カ国サミットの東アジア共同体形成のための「重要な役割」を果たすこと、一六カ国の協力促進にまとめられよう。

以上の考察から、時限の確定した具体的方策をまとめると、二〇〇五年一二月時点において、①「ASEAN憲章」が二〇〇七年には制定されること、②二〇〇七年には東アジア共同体の将来の方向性を示す「東アジア協力に関する第二次共同声明」が出来上がること、③APT＋三の首脳会議が毎年開かれること、④二〇二〇年を目標に「ASEAN(経済)共同体」(単一市場)を実現すること、の四点が、実現時期を明確に掲げた、短期・中期の目標である。

〈東アジア共同体実現に向けて―その問題点〉

こう見てくると、確かに、ＡＳＥＡＮを軸にして「東アジア共同体」の完成に向けて、確かな努力が一歩一歩なされているように見える。しかし、現時点での「東アジア共同体」論は、ＡＳＥＡＮを軸にした両輪〔ＡＰＴ一三カ国と一六カ国サミット〕体制という見解があるように、実態は、ＡＰＴ拡大によって中国の影響力を減殺しようとする日本・印・豪・ＮＺ・シンガポール・インドネシアと、米国と関係の深い豪・ＮＺの参加に反対する中国・タイ・マレーシア・ミャンマー・韓国〔ＡＰＴ中心主義〕との「妥協」の産物に他ならない。

「東アジア共同体」の成功の鍵は、日中韓三国の歩調がそろうことであろう。この三カ国が対立しているようだと、「東アジア共同体〔ＡＰＴ体制〕」も「大アジア共同体〔APT+3〕」も画餅に終わろう。差し当たって、ＡＳＥＡＮ一〇のこれまでの実績を重視して、ＡＳＥＡＮを軸・推進力にして、日本・韓国・中国は、あくまで脇役に徹しつつ、国家利益・国家エゴイズムをできるだけ抑え、ＥＵの発展に見られたように、「東アジア武力不行使共同体＝東アジア不戦共同体」の形成という大義をしっかと共有し、かつ真摯に誠実に話し合って、将来の大義実現に向かってその力を結集していくことが重要となる。

三　日本の武器なき国防

〈ＡＳＥＡＮ　一〇〉は、すでに考察してきたように、二〇二〇年までには〈ＡＳＥＡＮ共同体〉を樹立する計画であり、現在急速に進行している「東アジア自由貿易協定」も、この二〇二〇年までには、〈ＡＰＴ＋台湾＋北朝鮮〉をも含めて、ここ、全東アジアに「自由貿易協定　ＦＴＡ」の網の目が張り巡らされ、緊密な相互依存関係が成立していると仮定できるだろう[23]。またＦＴＡの緊密なネットワークがしっかと形成されているということは、すなわち軍事力を完全に凍結し不必要とする「東アジア武力不行使共同体〔九条二項〕」も同時に形成されているということを意味するであろう。

われわれの「日本の武器なき国防」計画も、この動向にあわせて、「ＡＳＥＡＮ共同体」が成功裏に形成され、かつ「東アジア自由貿易協定」圏つまり「東アジア武力不行使共同体」が完成される二〇二〇年を、その出発点とする。つまり、憲法九条二項をもつ日本が、コスタリカ〔一九四九年・第一二条〕・パナマ〔一九七二年・第三〇五条〕についで、二〇二〇年から四次にわたる一〇カ年計画で、最早戦力の保持が無意味となる「九条二項＝戦力不保持」政策を実現するための「行程表」を提案する。原則は「徹底した国内討議」と「徹底した国際交流」である。

「武器なき国家防衛 Nonviolent Defense」（以下ＮＶＤと略称）の事例として、ガンディーによるインド独立のための「非暴力闘争 Nonviolent action」の成功、第二次大戦中ナチスに抵抗したノルウェーの「武器なき抵抗」の成功、一九六八年八月から六九年四月までの「ワルシャワ条約機構軍」に抵抗したチェコスロバキアの「武器なき抵抗」の華麗なる失敗、一九八九年の中国・天安門広場における学生の武器なき民主化運動の無残な敗北等、あらかじめ周到な準備なく闘争に突入し、幾多の成功例、幾多の失敗例を生み出している。こういった闘争があらかじめ周到な研究・周到な準備がなされていたなら、その有効性は極めて大きなものとなろう。

〈日本の脱武装化―準備期と四つの一〇年計画〉

日本における「武器なき国防」政策の行程は、準備期とそれに続く四次にわたる一〇ヵ年計画（二〇二〇～二〇六〇）とに分かれる。すなわち、

準　備　期（二〇〇七～二〇二〇）：七四カ国武力不行使共同体の確立。

第一次一〇ヵ年計画（二〇二〇～二〇三〇）：武器なき国防の研究。

第二次一〇ヵ年計画（二〇三〇～二〇四〇）：教育実践段階と政党設立準備期。

第三次一〇ヵ年計画（二〇四〇～二〇五〇）：連邦制への移行と脱武装化政策の完遂。

第四次一〇ヵ年計画（二〇五〇～二〇六〇）：九二カ国「武器なき国防圏」（平和連合）の完成期。

日本の四次にわたる「武器なき国防」計画の行程と平行して進められる「東アジア共同体」とそれを核とする「七四カ国および九二カ国武力不行使共同体」の行程表を、予め纏めて図示すると次のようになる。スペースの関係で共同体communityを「C」と略称する。

	二〇〇七年	二〇二〇年	二〇三〇年	二〇四〇年	二〇五〇年
ASEAN：10	Cの完成				
東アジア共同体：15	武力不行使C	同上	同上	同上	NVD完了期
ヨーロッパ連合：25	武力不行使C	同上	同上	同上	NVD完了期
第二・三国家群：34	武力不行使C	同上	同上	同上	NVD完了期
軍縮核禁止国家群：18			武力不行使C	同上	NVD完了期
日本のNVD化	武力不行使C	NVD研究広報期	NVD教育期	NVD化完了期	戦力不保時期
15＋25＋34＋18＝92	準備期	第一次10ヵ年計画	第二次	第三次	第四次＝92カ国平和連合完成

（二〇六〇年）

つまり、ＡＳＥＡＮ一〇は、二〇二〇年までに共同体を完成し、東アジア武力不行使共同体に合流する。二〇六〇年までには、ヨーロッパ連合、第二・三国家群、軍縮核禁止国家群は、武器なき国防体制への移行を、すでに国家目標として定立しているのだから、比較的順調に行うであろう。問題は東アジア共同体一五カ国であって、中国・北朝鮮をも含めて、二〇六〇年までには、なんとかして武器なき国防体制を確立するよう勧告すべきである。

〈準備期（二〇〇七年〜二〇二〇年）〉「七四カ国武力不行使共同体」の形成

東アジア諸国つまりＡＳＥＡＮ10＋3＋台湾＋北朝鮮は、ＡＳＥＡＮ憲章発表の二〇〇七年以降、二〇二〇年の「ＡＳＥＡＮ共同体」成立までには、「国連憲章第二条第三項と第四項＋日本国憲法第九条第一項＋ＡＳＥＡＮ二文書＋国家元首武力不行使宣言」（つまり四法源[24]）を共通の理念とした、〈戦力の凍結＝武力の不行使〉を誓約・厳守する「東アジア武力不行使共同体」を形成していることが前提となる。

ヨーロッパの統合において各国首脳が見せた決断と弛みない努力との積み重ねがあったように、「仏西独協力条約〔エリゼ条約、一九六三年一月二二日〕」に倣って、「ＡＳＥＡＮ憲章」の発表される二〇〇七年以降二〇二〇年まで、継続して、東アジア一五カ国の国家元首は少なくとも年四回、外相も年四回、国防相・教育相は三ヶ月ごと年四回、参謀総長は二ヶ月ごと、外務省高官は毎月夫々会合を持って、「東アジア武力不行使共同体」を確固たる組織に定着させなければならない。

この「東アジア武力不行使共同体」の一五カ国（ASEAN10＋3＋台湾・北朝鮮）が中心となって、二〇二〇年までの準備期の間に、次の三つの国家群と「武力不行使共同体」同盟を結成する。すなわち、まず、

（1）第一国家群はEU二五カ国である。〔一九五二年七月ドイツ・フランス・イタリア・ベルギー・オランダ・ルクセンブルク〕＋〔一九七三年一月英国・アイルランド・デンマーク〕＋〔一九八一年一月ギリシャ〕＋〔一九八六年一月スペイン・ポルトガル〕＋〔一九九五年一月オーストリア・フィンランド・スウェーデン〕＋〔二〇〇四年五月エストニア・ラトビア・リトアニア・ポーランド・チェコ・スロバキア・ハンガリー・スロベニア・マルタ・キプロス〕。EUは、すでにカール・ドイッチュのいう「安全共同体」を形成しており、「武力不行使共同体」への参加は、無理なく行われるだろう。この二五ヶ国と「武力不行使共同体」の同盟を形成する。

（2）第二国家群、これは憲法に「侵略戦争放棄」を謳う国々であって、西修氏の分類指標[25]で言えば、以下の⑨⑪⑫⑮の国々である。ただし、以下の国々で、傍線あるいは傍点を打った国は重複しているので数えない。

⑨「侵略（征服）戦争の否認」全一三カ国、ドイツ、フランス、大韓民国、バーレーン、キュー

バ、モザンビーク、セイシェル、スリナム、パラグァイ、グルジア、カザフスタン、キルギス、カンボジア、重複を除いて全九カ国、⑪「国際紛争を解決する手段としての戦争放棄」全五カ国、日本、イタリア、ハンガリー、アゼルバイジャン、エクアドル、重複を除いて二カ国、⑫「国家政策を遂行する手段としての戦争放棄」全一カ国、フィリッピン、⑮「軍隊の非設置」、コスタリカとパナマの二カ国、以上の一三の国家群を「侵略戦争放棄国家群」と呼ぶ。

（3）第三国家群は、憲法に「国際紛争の平和的解決」を謳う国家群であって、西修教授によれば、次の二八カ国が含まれる。すなわち、アイルランド・ポルトガル・インド・ウルグァイ・ブラジル・カンボジア・アルジェリア・ベラルーシ・スーダン・ガンビア・ウガンダ・カザフスタン・キルギス・モザンビーク・スリナム・エチオピア・ウズベキスタン・カーボベルデ・マリ・シエラレオネ・ブルキナファソ・中央アフリカ・ナムビア・マラウィ・ニカラグア・ガイアナ協同・パキスタン・バングラディシュ・カタール、既出を除いて二一カ国である。

これらの二五＋一三＋二一＝五九カ国との間に、この準備期間の二〇二〇年までの間に、出来るだけ早く「武力不行使共同体」同盟を結成し、「東アジア武力不行使共同体」一五カ国を核にした全「七四カ国武力不行使共同体」を作り上げる。結成と共に、すでに述べたように、①大規模な「武力不行使共同体」協議組織の設置、七四カ国の国家元首は少なくとも年四回、外相も年四回、国防相・教育相も年四回、参謀総長は二ヶ月ごと、外務省高官は毎月夫々会合を持って、「武力不行使共同体」を確固たる組織に定着させなければならない。また②七四カ国のさまざまなレベルでの交流は、以下に言及する。

〈第一次一〇年計画（二〇二〇年〜二〇三〇年）〉「NVA」の基礎研究期

この第一次一〇ヵ年計画が開始する二〇二〇年の時点では、すでに七四カ国（15＋25＋34）による「武力不行使共同体」は形成されている。また「ASEAN共同体」も形成され、かつ「東アジア共同体」は「FTA」の網の目が限なく覆っている、と言う状況であると仮定される。

（a）「武器なき国防（NVD）研究の開始と広報の一〇年間」

最初の四年間は、日本全国を北海道・東北・関東・中部・近畿・中国・四国・九州・沖縄の9地区に分け、国立・私立大学の法学系・政治学系を核として文科省に「武器なき国家防衛（総合研究・四年継続）」を申請し、ただちに「武器なき国防」に関する研究を開始する。主義・心情とは関わりなく純学問的な「武器なき国家防衛」の研究会である。テキストはジーン・シャープ『武器なき民衆の抵抗(26)』とする。各地区はそれぞれ独自の判断でこの課題について三年間研究しその成果をまとめ公表・公刊する（九地区で研究が重複する場合が多いと思われるがかまわない）。各地区の新聞・ラジオ・テレビはこれを報道し、九地区の全住民に知らせる。これを「N

VDの地区レベル研究」と称する。なお、後の構想として、われわれはこの九区をそれぞれ一つの大きな行政単位とすることを考えている。現行憲法の枠内で、中央の国家権力を出来るだけ縮小してこの「地方政府」に高い自治性を与える積りである。

次の二年間で、九地区の代表が集まり、重複を合わせ纏まった国防計画にする。これを「NVD計画」と名づけ、これを全国紙・地方紙および全国的マスメディアに載せたり公刊したりする。

最後の四年間は九の各地区において、大学が中心となって、都道府県・市町村レベルに至るまでの大衆的研究討論の時期とする。宗教団体で「武器なき国防」に関心を持つ市民グループや「武器なき国防」に賛意を表明する政党の参加も歓迎し、かつ小学校から高校までの校長・教頭および社会化担任の教師の参加も歓迎する。この討論で修正意見が出たり、追加条項が出たりしよう。これを「NVDの全国レベル研究の国民化運動＝All Japan Campaign of NVD Movement」と称する。

(b)「NVD研究の継続」・「NVD国際研究交流の推進」・「NVD学部設立の準備」

この「NVD研究の一〇年間」の最後の四年間は、NVD国際研究交流の推進と、全9区の一国立大学に各々NVD学部の設置を準備する期間とする。

まず、「NVD国際研究交流」とは「東アジア武力不行使共同体」の一五カ国と上記(25＋

13＋21）の五九カ国を合わせた「七四カ国武力不行使共同体」の間で、大学間レベルでの「武力不行使共同体・安全共同体研究会」、および「NVD国際研究交流会」を年二回は開催する。つまり最終的にはこの七四カ国からなる「武力不行使・安全共同体研究会」・「NVA国際研究交流会」の設立である。

ついで、全九区中の一国立大学に「NVD学部（四年制・男女共学・定員二〇〇名）」の設立準備を開始し、四年後の第二次一〇年計画開始時には、開講できるようにする。これは現在の「防衛大学校（定員四六〇名）」に代わるもので、全国九区で一期生は共に一八〇〇名となる。この「NVD」学部では、NVDの研究を専門に行い、かつ実際の「NVA（武器なき行動）」をそれぞれの任地で指導する指導者・幹部を養成することとする。現在の「防衛大学校」からの転学・聴講・単位取得も歓迎する。

要するに、二〇二〇年から始まる第一次一〇年計画で、まず主として大学が中心となって、われわれがこれまで述べてきた「武器なき国防」・「武力不行使」・「戦力不保持」に関する古代から現代に至るまでのさまざまな具体的事例が発掘・解明され、その成功・失敗の原因が分析され、結論としてこの政策の有効性が確認される。と同時に、最後の一年間（一〇年目）は九地区の代表が再び集まって、「NVD計画」を日本の国家政策として採択すべきであることを、あらゆるメディアを通じて宣伝・広報する。なお、この日本における一方的「武器なき国防政策」は、すでに形

成されている「東アジア武力不行使共同体」の中で、すべての国家に先駆けて実行に移される。(27)

（c）この「研究・公報の一〇年間＝第一次一〇カ年計画期」は、現在の自衛隊・日米安保の体制はそのまま継続する。

〈第二次一〇カ年計画（二〇三〇年〜二〇四〇年）〉国内の教育段階と政党設立準備期。

この時期は、「東アジア武力不行使共同体」・「全東アジアＦＴＡ圏」はしっかりと機能して「単一市場」を形成しており、一五カ国の東アジア国家元首（年四回）・閣僚（年四回）などの会議も継続的に誠実に持たれ、かつ「七四カ国武力不行使共同体」の九二カ国へと拡大が図られ、活発な交流が行われる。

この一〇年間は特に日本の脱武装化の準備段階として位置付けられ、第二次一〇カ年計画は国内における「武器なき国防政策・安全共同体」政策に対するコンセンサスを得べく、小中高大学における「ＮＶＤ教育」の徹底化と、これと並行して「ＮＶＤ党」設立準備期とする。

（a）国内における「ＮＶＤ教育」実施の一〇年間。

小中高および大学における「ＮＶＤカリキュラム」の実施、これは国内全九地区において、第一次一〇年計画の研究成果と「ＮＶＤ計画」とを「ＮＶＤ教科」に体系的に編纂して、実際に小中高大学において教材として使用し、その古代から現代に至るまでの歴史、その具体的事件の分析・研究、ＮＶＡの具体的手段をレベルに応じて教え、かつ九地区は地区別に、チェコスロバキアやインドの事例を参考にしつつ、「武器なき国防」の「実演」も行ってみる。

第一次一〇年計画中に四年間の準備期を持った「ＮＶＤ学部」が第二次一〇年計画の初年度に開講する。ここではＮＶＤの哲学や最も専門的なＮＶＡの講義、あらゆる場合を想定した「実演」教育が重視され、ＮＶＤ政策を現場で担う幹部が養成される。「ＮＶＤ学部」の卒業生は、第二次一〇年計画の四年目終了とともに第一期生を、以後一〇年目までには全六期・一万八〇〇〇人の卒業生を送り出すことになる。彼らは九地区の市町村・小中高に配属されＮＶＤ教育と実演とに携わることになる。

(b) 九二カ国交流・研究の推進。

「ＥＵ二五カ国」、「侵略戦争放棄国家群」（一三カ国）、「平和的解決国家群」（二一カ国）及び「東アジア武力不行使共同体国家群」（一五カ国）間での、積極的な交流研究の推進期である。われわれは、なお、この「七四カ国武力不行使共同体」の範囲をさらに拡大したいと考えている。それは、西教授の指標で、⑥「軍縮の志向」を持つ国家群四カ国（バングフディイシュ・モザンビーク・カーボヘルデ・アフガニスタン）、重複を除くと一カ国、⑦「平和的国際組織への参加ないし国権の一部委譲」を規定する国家群一八カ国（スペイン・ベルギー・ルクセンブルク・ドイツ・スエーデン・ポーランド・オーストリア・アイルランド・イタリア・フランス・ギリシャ・オランダ・デンマーク・ウズベキスタン・ノルウェー・アルバニア・ジブチ・ロシア）、重複を除くと四カ国、⑭「核兵器の禁止・排除」を規定する一一カ国（モザンビーク・ベラルーシ・リトアニア・カンボジア・アフガニスタン・フィリッピン・ニカラグア・パラオ・コロンビア・パラグアイ・ベネズエラ）、ただし重複を除くと五カ国、⑰「戦争の煽動（または準備禁止」を規定する一二カ国国家群（キルギス・リトアニア・ドイツ・スロベニア・ルーマニア・トルクメニスタン・ベネズエラ・タジキスタン・エチオピア・カザフスタン・南アフリカ・クロアチア）、重複を除くと八カ国。以上の国家群を仮に「軍縮・核兵器禁止」国家群と名付けると全部で一八カ国となる。この国家群をも、この期間内に「武力不行使共同体」に加盟するよう努力する。こうして二〇四〇年までには七四＋一八＝九二カ国の「武力不行使共同体」となる。

交流主体を小中高大学の各レベルにまで広げ、それぞれ九地区から小中高大学各一〇〇名全三六〇〇名を九一カ国（25＋13＋21＋15＋18－1）に配分し一年間の留学を義務づけ、国際交流研究を行う。これは日本だけではなく、九二カ国それぞれが、行うものとする。なおこの留学計画は第四次一〇年計画まで毎年継続して行う。

（c）「NVD党」の立ち上げ準備。

この一〇年間で「武器なき国家防衛」を国家の基本政策とすべく「NVD党」の立ち上げ準備を開始し、一〇年後には「NVD党」の結成を目指す〔学者・定年退職者・労働者・女性・若者が中心になろうか〕。既存政党のうちで「武器なき国防」政策を党の基本綱領に掲げる政党にも呼びかけ、「NVD党」設立キャンペーンを展開する。「NVD党」は市町村レベルから国政のレベルに至るまで、漸次多数の賛同者を結集していく。

（d）この段階で、自衛隊の漸次的縮小が計画され、日米安保条約廃止の非公式交渉が進められる。

〈第三次一〇カ年計画（二〇四〇年〜二〇五〇年）**〉「日本国家の〈連邦制化〉・脱武装化政策完了**（日本国憲法第九条第二項）**」および「九二カ国平和連合」の創立準備期。**

この時期は、「全東アジアFTA圏・単一市場」はもちろん、「九二カ国武力不行使共同体」はしっかと継続し、他方、日本の国内についていえば「脱武装化」と現行憲法の枠内での「連邦化」が完成する時期である。国際的には「九二カ国平和連合」の設立を準備する。

この期において「NVD党」が第一党となり「NVD計画」を国家の基本的政策として掲げ、一〇年間で安保を廃止して武器なき国防政策を実現する。同時に都道府県を廃止し、現行憲法の枠内で、日本国家を九の「地方政府」からなるゆるやかな「連邦」国家とする。(28) 九の地方政府は、たとえば「北海地区政府(略称北海政府)」、「東北地区政府(略称東北政府)」、「関東地区政府(関東政府)」、「近畿地区政府(近畿政府)」などとする。各地方政府は地域内の市町村を統括する。

(a) NVD党による政権の獲得と「武器なき国防の一方的宣言」

各地方政府の議会の多数党を形成したNVD党は、「武器なき国家防衛」政策をもって日本国家の「国家政策」とすることを、日本国民の総意として全世界の人々に一方的に宣言する。これによって全世界は日本国民が「武力不行使・戦力不保持・武器なき国防」の理念を、一九四六年一一月三日に次いで再度、高く掲げ、その実現に邁進していることを知るであろう。

(b) 機構の整備

日本国中央政府に「武器なき国防省 NVD-Department」を新設する。同時に九の地方政府にも「武器なき国防分省」を設け、両者は同格として、必要に応じて合議する。各「地方政府」はさらに市・町・村の各レベルに分室を設ける（武器なき国防は郷土愛を基礎とするから、地方公共団体は市・町・村の三者のみとするのである）。

（c）様々なレベルにおける国際交流の実行

対外的には、上に掲げた「EU二五カ国」・「一三侵略戦争放棄国家群」・「二一平和的解決国家群」・「一八軍縮・核兵器禁止国家群」・「一四東アジア武力不行使共同体国家群（日本を除く）」との研究交流を各地方政府内の市町村・小中高大学・各地域の私的な研究会・中小企業・大企業・病院などの公私機関レベルまで拡大して、頻繁に交流研究を行う。九二カ国がそれぞれこの交流・留学計画を実行するのは当然である。「全九二カ国」は「武器なき国防」が可能であること、「武器なき国防」体制を各国が基本的政策として採用すること、国民の忠誠心を漸次「九二カ国国家連合」に収斂させる方法を研究し確認しあう。つまり、この一〇年間で、日本国憲法第九条第二項の「戦力不保持」を目的とする「九二カ国安全共同体国家連合」が可能であることを確認しあう。もちろんこの間、東アジア一五カ国の国家元首は少なくとも年四回、外相も年四回、国防相・教育相も年四回、参謀総長は二ヶ月ごと年六回、外務省高官は毎月夫々会合を持ち、NVDを共通の政策とする高い理念を追求することは言うまでもない。

（d）自衛隊の解体・改編と安保条約の破棄

この第三次一〇カ年計画（二〇四〇～五〇年）の一〇年間は、自衛隊の解体・改編期つまり脱武装化が実行される時期であり、安保条約はこの一〇年間に漸次縮小していき、一〇年目には完全に撤廃する（アメリカとの粘り強い外交交渉が必要となろう）。「武器なき国防」に転用可能な自衛隊の設備・人員は一〇年間で漸次配置換えしていく。[29] 自衛隊員の新規募集の縮小あるいは停止が実行されたり、新規軍事的施設の発注は停止されよう。

さらに、自衛隊改編と並行して、「東南アジア非核兵器地帯条約（一九九七年三月発効）」を、九二カ国で改めて批准する。本文二二条。締結国の領域・大陸棚・排他的経済水域に適用され、締約国による核兵器の開発、製造、保有、管理、配置、運搬、実験、使用が禁止される。また締約国は地帯内で他国がこれらの行為（運搬を除く）を行うことを禁止する。また締約国は放射性物質および同廃棄物の海洋投棄、排出、処分等を行わず、他国が締約国の領域内でこれらの行為を行うことも禁止される。[30]

われわれの文脈では、この条約は核兵器に限らず一般兵器の製造・保有・管理・配置・運搬等の行為を禁ずる安全共同体創出への第一歩として重大な意味を持つ。従って、われわれは、すでに述べてきた、四法源（国連憲章第二条・日本国憲法第九条・ＡＳＥＡＮの二文書・国家元首武力不行使宣言）に加えるに、この条約を第五番目の法源として、九二カ国が批准するよう働きかけなければならない。

（e）「防衛の空白」は起きるのか

従ってこの一〇年間（二〇四〇〜五〇年）では、わが国の「防衛体制」は従来の「軍事的防衛」を縮小しつつ、しかも新しい「武器なき国家防衛」政策が完成しない「移行期」に当たり、論者によっては「防衛の空白」が発生する可能性が危惧される時期である。これに対処する方法は次の二つである。

一つは、仮想敵国とされているのは、現時点（二〇〇六年一一月）では、「北朝鮮」（あるいは中国か）と言われているが、しかし、両国は「東アジア武力不行使共同体」の中核メンバーであるから、基本的に「東アジア武力不行使共同体」を構成する国家群が、万難を排して、粘り強い外交交渉で、二〇五〇年から「武器なき国防政策」を採るようこの国を説得しなければならないと言うことである。

もう一つは、「国連警察隊」によって、二〇二〇年から開始する日本の脱武装化準備期以降を支援する体制である。「武器なき国防」政策を取る日本は、「軽装備」のこの「国連警察隊」によって守られる。なお「国連警察隊」は国連に加盟する各国から人口に比例して隊員数を割り当て、隊員は応募により、常時は自分の職業につき、一定期間の訓練を受け、呼び出しに応じて参加することとする。したがって、水島教授の危惧する「防衛の空白」[31]を論ずる必要は存在しない。これまで軍備のために費やされていた費用は国内の社会福祉や「熱帯林・水・砂漠化・人口」といった地球環境のために、あるいは南北問題・南南問題解決に回されよう。

〈第四次一〇カ年計画（二〇五〇年〜二〇六〇年）〉「武器なき国防国家群」による「九二カ国平和連合」の樹立

この段階は日本国憲法制定の「初心」に回帰する時期であり、かつ、「武器なき国防政策」を断行する最初の一〇年間にあたる。すでに本章第一節で触れたが、一九四六年六月二五日総理吉田茂が宣言したように「全世界の平和愛好諸国の先頭に立つ」こと、そして「国際連合のような国際平和機構が他国の侵略を防いでくれる」（横田喜三郎『戦争の放棄』一九四七年一〇月）という憲法制定初期の「初心」である「国連中心主義」に立ち戻ることである。[32]

すなわち、すでに二〇五〇年には自衛隊を解体し安保条約を破棄して完全に脱武装化を成し遂げた日本は、二〇五〇年から始まるこの第四次一〇ヵ年計画の段階にいたって、日本をその「かなめ」とする「九二カ国戦力不保持の連合」を一〇ヵ年計画で完成させることである。ここでは徹底した武力不行使・徹底した戦力不保持を前提とし、かつ経済関係を核とする「経済共同体」の形成および「あらゆるレベルでの国際交流」を緊密にし、重国籍をみとめて市民の往来を完全に自由にするのである。

なお、「EU二五カ国」、「一三侵略戦争放棄国家群」・「二一平和的解決国家群」・「一五東アジア武力不行使共同体国家群」・「一八軍縮・核兵器禁止国家群」を加えた「九二カ国平和連合」は、それぞれ一名の代表を派遣して「九二カ国平和連合議会」を組織し、一方自国でも日本に倣った「NVD政策」の実行へと政策を移動させつつ、他方国連を中心に「NVD政策」を積極的に全世界に訴えることとする。すなわちこの「九二カ国平和連合議会」が自国・他国の「NVD政策」を推し進め、現に何とか機能している「国際連合」の中で「武器なき国防」方針を強化するために発言力・実行力を増強していくのである。

そして、この「九二カ国国家連合」は、さらに「武器なき国防国家」を増大・拡大させることを目標としつつ、カントの言う「国際法は、自由な諸国家の連合制度に基礎をおくべきである」との命題の実現を目指す。「自由な諸国家の連合」である「平和連合 fœdus pacificum」は、「すべての戦争が永遠に終結するのを目指す（四二頁）」ところの「諸国民相互間の契約」（四二頁）であって、日本がその「連合的結合のかなめの役割を果た（四三頁）」さなければならない。ただし、この「連合」はあくまで構成国家の自由の維持であり保障でもあるから、強制の契機は全くないが、「九二カ国平和連合議会」が大きな役割を果たすだろう。こうして人々は、一方地方政府への忠誠心を、他方武器なき国防の国家連合への連帯感を涵養して、平和建設に邁進するのである。この遠大な理想を実現するために、現在から将来にわたって、日本が国際社会のなかで果たさなければならない役割は限りなく大きい。

〈長期目標期（二〇六〇年以降）〉武器なき国防による「世界連邦」の形成。長期目標

この段階までに、二〇二〇年から始まった四つの一〇年計画が終わり、日本の脱武装化が完了し、「九条二項体制」に移行している。その後に続く、「九二カ国の平和連合」の最終目的は、カントの言う「地上のあらゆる民族を包括する」ところの「諸民族合一国家civitas gentium」・「一つの世界共和国という積極的理念」の実現を視野に置くことである。この構想は多くの先人たちが夢見た最終的な平和構想であり、例えば高柳賢三の「世界連邦」構想（一九四六）、深瀬忠一の「総合的平和保障基本法（全一七条）」構想の第一七条「世界連邦的平和組織」構想も同じ発想である。(33)

しかし現実問題としては、この最後の段階は人類の到達すべき最終目的としてすべての国々の憲法に高く掲げておくにとどめるとしたらどうであろうか。実質的にはその前段階として、第四段階の「九二カ国平和連合」（さらに拡大させることを目標としつつ）が、すでに形成されている地域的統合である「ヨーロッパ連合（EU）」と「イスラム共同体（＝ウンマ）」と北・中央・南アメリカの統合である「汎アメリカ統合」、および実質的にすでに形成されている中国・日本を中心とする「東アジアFTA圏＝東アジア武力不行使共同体」と組織的に重なる形で、この五つの「平和連合」の共存・交流をはかること、すなわちジャン・マリゲーノの「三帝国論」に類似する「五っの国家連合」(帝国と呼んでも良いが)を形成することで止めておいたほうが現実的であるかもしれない。鍵はあらゆる国家が国民国家至上主義を放棄して、遠大な平和連合に向かって努力し得るか否かにかかっていよう。

注

(1) 鈴木昭典『日本国憲法を生んだ密室の九日間』創元社、一九九五、三一頁。二〇〇五年八月一四日『朝日新聞』(朝刊)はこの鈴木昭典氏の発見として以下のことが述べられている。白鳥俊夫元駐伊大使(A級戦犯・終身禁固刑・服役中に病没)が一九四五年一二月一〇日、巣鴨拘置所から吉田外相に英文の書簡を送り、その中で「国民は兵役に服することを拒むの権利」「国家資源の如何なる部分をも軍事の目的に充当せざるべきこと」と言った「不戦条項」を「新日本根本法典の礎石」とすること、そして「天皇に関する条項と不戦条項とを密接不可分に結びつけ、……この国民に恒久平和を保障し得べき」と述べた。この書簡は翌四六年一月二〇日頃まで検閲のためマッカーサー司令部に留め置かれ、二〇日頃検閲解除とともに吉田外相から幣原首相に届けられ、一月二四日には幣原・マッカーサー会談が持たれて、ここで戦争放棄を憲法に盛り込む発想が出たとされる。これまで、この発想が幣原から出たとする説は深瀬忠一が強調縷説しているが、マッカーサーから出たとする説が有力であった。マッカーサーも幣原も白鳥書簡を見ているわけであるから、幣原が自分の説としてこれを強調し得なかった理由もうなずける。白鳥発想と幣原提言とに基づいて、天皇温存を大前提とする、戦争放棄・戦力不保持を謳ったマッカーサー・ノートが二月三日に出された、と解することもできる。白鳥書簡の出現で、従来の通説は再検討されなければなるまい。なお三石「憲法第九条の成立と武器なき国防」（所収『東京家政学院筑波女子大学紀要』第九集、二〇〇五年三月、四三頁以下）は旧説（マッカーサー説）に立っている。

（2）一九四六年二月二日夕方、毎日新聞のスクープ後、マッカーサー元帥は、「松本案」を拒否し、総司令部民生局（ホイットニー准将民生局局長（二四人のスタッフが章別・条項別分担））に七日間で憲法原案作成を命ずることを決意した。鈴木前掲書、一九頁以下。

（3）鈴木昭典、前掲書、一二三頁以下。

（4）佐藤達夫『日本国憲法誕生記』中公文庫、一九九九、一九一頁以下。

（5）古関彰一『新憲法の誕生』中公文庫、二〇〇一、一七三頁。

（6）佐藤達夫『日本国憲法誕生記』一九四頁。

（7）総司令部案の第三条が二分割され現行憲法の第三条と第四条になったため一条増えた。なお佐々木高雄『戦争放棄条項の成立経緯』成文堂、一九九七、二八九頁以下。山中永之佑他編『資料で考える憲法』法律文化社、一九九七、四〇頁参照。

（8）古関彰一『九条と安全保障』小学館文庫、二〇〇一、七一頁。

（9）佐藤達夫『日本国憲法誕生記』一〇九頁以下。佐々木高雄『戦争放棄条項の成立経緯』、三二一頁以下特に三五二頁。古関彰一、前掲注（8）、六七頁以下。

（10）清水伸『逐条　日本国憲法審議録（第二巻）』原書房、一九七六、四頁。山内敏弘『平和憲法の理論』日本評論社、一九九二、五四頁。

（11）清水伸『逐条　日本国憲法審議録（第二巻）』一六頁。

（12）横田喜三郎『戦争の放棄』国立書院、一九四七年一〇月。

（13）山内敏弘『平和憲法の理論』一四四〜一四五頁。

（14）荒井誠一郎『平和憲法―基礎と成立―』敬文堂、二〇〇一、五五一頁（原文は片仮名）。清水伸、前掲書、七一頁。
(15)『教科書・日本国憲法』一橋出版、二〇〇四、二二頁。
(16)山内敏弘、前掲書、一五八～一五九頁。
(17)山中永之佑他『資料で考える憲法』六七頁。芦部信喜『憲法』岩波書店、一九九六、五七頁以下。
(18)古関彰一『九条と安全保障』五八～五九頁。
(19)芦部、前掲書、五八頁。および佐藤幸治『憲法〔新版〕』青林書院、一九九四、五七三頁。
(20)芦部、前掲書、五八頁。佐藤、前掲書、五七三頁。『資料で考える憲法』六八頁以下。
(21)リンス／ステパンに依拠して東アジア諸国の政治体制を分類する。詳しくは、三石論文「EUと東アジア不戦共同体」所収『政大日本研究（三）』（台湾政治大学、二〇〇六・一）およびその続編である『筑波学院大学紀要（第一集）』（二〇〇六・三）を参照。
(22)二〇〇五年一二月一三日の読売・朝日・毎日・日経による。
(23)台湾は「地域」とされているが、以下叙述上「国家」として数える。台中関係は現状の凍結、北朝鮮は六カ国の圧力で何とか穏健なパートーナーとなっていると仮定する。
(24)「四法源」中の「ASEAN二文書」とは「ASEAN設立宣言（一九六七年八月）」の「東南アジア諸国間の相互理解・善隣関係・有意義な協力によって、域内の平和、進歩及び発展に寄与する」、及び「東南アジア友好協力条約（一九七六年二月）」の「平和、友好及び東南アジアに影響ある事項に関する相互協力を強化する」を指し、「国家元首武力不行使宣言」とは私の提案する国家元首の宣誓であって、「東アジアの平和主義を否定する者によって東アジアの各国が統治されることは、東アジア諸国の安全と福祉に反することが経験によって明らかにされたので、国連憲章第二条第三・四項、日本国憲法第九条一項、ASEAN二文書の平和主義を否定する者は、一人残らず全部、国家元首としての権力を行使することから、排除され、かつ永遠にその能力なき者とされる」。詳細は、三石論文「EUと東アジア不戦共同体」、所収『筑波学院大学紀要』（第一集）及び『政大日本研究（三）』を参照。
(25) 西修『各国憲法制度の比較研究』成文堂、一九八四、二五頁以下。および西修「世界の現行憲法と平和主義条項」、所収『駒澤大学　法学部研究紀要』第六〇号、二〇〇二・三。
(26) ジーン・シャープ『武器なき民衆の抵抗―その戦略的アプローチ』小松茂夫訳、れんが書房、一九七二。〔Gene Sharp"Exploring Nonviolent Alternatives（非暴力の代替手段を求めて）" Boston,1970〕。サブテキストは、Gene Sharp"The Politics of Nonviolent Action, "Porter Sargent Publisher,Boston, 1973" とする。
(27) 現時点（二〇〇六年一一月）において、東アジア一五カ国中に、憲法で「侵略戦争の放棄・平和的解決」を規定していない国家が三カ国（中国・北朝鮮・ビルマ）あり、また、なおポリアーキー（民主体制のこと）に至っていない国家が八カ国（中国・北朝鮮・ビルマ・ベトナム・ラオス・マレーシア・シンガポール・ブルネイ）と過半数を占めている。これらの八カ国も二〇二〇年までに志を高く持って「東アジア武力不行使共同体」を形成するよう決死の努力がなされなければならない。
(28) 大森弥・佐藤誠三郎編『日本の地方政府』東大出版会、一九八六。地方自治法の改正で対処する。
(29) なお深瀬忠一氏は自衛隊の平和隊への改編に三〇年間を見ている。深瀬忠一『平和憲法の創造的展開』学陽書房、四六三頁。
(30)『原子力百科事典』（グーグルから）。
(31) 水島朝穂「自衛隊の平和憲法的解編構想」、所収深瀬忠一他編『恒久平和のために』勁草書房、一九九八、五八九頁以下。
(32) 清水伸『逐条　日本国憲法審議録（第二巻）』四頁。山内敏弘『平和憲法の理論』日本評論社、一九九二、三〇九頁以下も参照。なおカントからの引用は『永遠平和のために』（岩波文庫）の頁数である。
(33) 深瀬忠一他編『平和憲法の創造的展開』四二九頁以下。

第二章　平和について

平和・不戦の国際条約——その思想をさぐる

小林　三衛

はじめに

世界の一般の人民は、古来、平和を願い、戦争をしないことを望んできた。これを人民の思想といってよいであろう。しかし、現実には、侵略戦争・征服戦争・覇権戦争が繰返され、そのつど多くの人民が犠牲にされた。二〇世紀には、二回も世界大戦が勃発し、その死傷者は、一億人に近い。こうしたなかで、一九世紀はじめころから、国際間で、戦争抑止について論議が交され、平和・不戦に関する国際条約が順次締結され、国際聯盟、国際連合などの国際機構が設立された。これらの内容、活動は、平和・不戦を実現するために有効であると評価できるが、好戦的なナチズム・ファシズム・軍国主義によって、国際聯盟が崩壊し、今また、覇権主義・新植民地主義・新帝国主義といってよいか、これらが国際条約に違反し、国際連合を無視して、戦争を引起こし、崩壊の危機的状況をもたらしている。

本稿は、平和・不戦に関する国際条約の流れをたどり、その思想をさぐろうとしている。それは、平和・不戦に対する世界の一般の人民（政権保持者、それに連なる議員・官僚、戦争によって利益を得る企業経営者および好戦者を除く）の願い、思想に応え、これを吸上げようとするものである、といえよう。

国際条約は、国家間で、国際法の規律にもとづいて締結される文書による合意をいう。単に条約といってもよい。条約の名称がついているもの（狭義の国際条約）だけでなく、国際機構の根拠となっている規約、憲章は、もちろん、協定、協約、宣言、決議、取決め、議定書、覚書、通牒、交換公文など（広義の国際条約）が含まれる。本稿で対象にしている国際条約は、形式、内容とも平和・不戦に関するものであり、「平和条約」と称していても、戦争の終結にかかわるようなものは、除外した。ストックホルム・アピール、原水爆禁止世界宣言などは、平和・不戦の主張として重要であるが、条約ではないので、取上げなかった。国際条約の種類、内容、性格などによって、体系的に構成するのがふさわしいのであろうが、ここでは、国際条約の流れに視点をおいたので、年代順にした。国際条約の内容は、要約して述べるよりも、正確を期するために、重要な条文については、そのまま引用した。条約の条文は、有斐閣の『国際条約集』（編集は変わるが毎年刊行されている）、吉岡吉典・新原昭治編『資料集　二〇世紀の戦争と平和』（二〇〇〇年、新日本出版社）、その他によった。中央アジア非核兵器地帯条約（英文）は、外務省軍縮不拡散・科学部軍縮管理軍縮課から提供を受けた。各項目（1）～（35）の国際条約名は、一般に用いられているものとし、括弧内に、そのフルネーム、ときには通称、締結・署名年月日、その場所、締結・署名した国の数、日本については、締結・署名の年月日と批准、公布の年月日が隔っていることがあるので、公布の年月日を記入した。

1

（1）平和・不戦の国際条約で、先駆をなすのは、「**スイス国の永世中立及びその領域の不可侵の承認及び保障に関する宣言**」（一八一五・一一・二〇、パリ、七国）であろう。「三月二〇日のウィーン宣言書の署名国は、この議定書によって、スイス国の永世中立を正式且つ真正に承認し、且つ、スイス国に対して新境界内の領域の保全と不可侵とを保障」し、「スイス国の中立及び不可侵並びにすべての外国勢力からの独立が全ヨーロッパの政策のため真に有益であることを、この議定書によって真正に承認する」。スイスは、三〇年戦争（一六一八～一六四八）、フランス・オーストリア戦争（一七九二～一七九八）などにおいて、中立を保っていた。一七九八年、ナポレオンに侵入され、占領されたが、一八一四年、ナポレオンが失脚し、一八一四年五月三〇日のパリ条約に基づき、一八一五年三月二〇日の「スイス連邦の問題に関する八国宣言」（ウィーン）において、「一般的利益からスイス国のために永世中立の特典が要請されることを認」めた。国際法制度としての永世中立は、一国が単独の意思によって採用する中立政策と異なり、国際条約によって、みずからは戦争をはじめず、また他国間の戦争にも参加しないことが義務づけられており、他の条約当事国は永世中立化されている国にたいし攻撃せず、中立を侵さない義務を負っている。さらに、永世中立の特典を認めたのは、スイスが以前から中立を保ってきたことが背景となっていた、と考えられる。スイスは、第一次世界大戦で、中立を維持し、第二次世界大戦においても、ドイツの勢いにたいし動揺があったが中立を貫き、条約の当事国であるドイツは、侵攻することがなかった。両大戦において、この条約の効力があらわれたことを高く評価したい。

（2）「サンクト・ペテルブルク宣言」（一八六八・一二・一一、サンクト・ペテルブルク、一七国）は、帝政ロシア皇帝の主唱によって、国際会議で採択された条約である。「締約国は、相互間の戦争にさいして、陸軍または海軍が、重量四〇〇グラム以下の発射物で、破裂性のもの、または爆発性もしくは燃焼性の物質をつめたものを使用することをすべて放棄することを相互に約定する」。平和・不戦からはまだ遠いが、この時期に、このような約定をしたことは、注目される。残虐性のある兵器を禁止するスタートになっている。

（3）「**国際紛争平和的処理条約**」（一八九九・七・二九、ヘーグ、修正一九〇七・一〇・一八、ヘーグ、八五国、日本一九一二・一・一三公布）は、「平和」の名を冠した最初の条約であり、国際紛争の平和的処理に関する包括的、一般的な規定である。「国際間ノ関係ニ於テ兵力ニ訴フルコトヲ成ルヘク予防セムカ為、締約国ハ、国際紛争ノ平和的処理ヲ確保スルニ付其ノ全力ヲ竭サムコトヲ約定ス」（一条）る。周旋および居中調停（「仲介」ともいう、二～八条）、国際審査委員会（九～三六条）、国際仲裁裁判（三七～九〇条）について規定している。

（4）「**ダムダム弾の禁止に関するヘーグ宣言**」（正確には「外包硬固ナル弾丸ニシテ其ノ外包中心ノ全部ヲ蓋包セス若ハ其ノ外包ニ截刻ヲ施シタルモノノ如キ人体内ニ入テ容易ニ開展シ又ハ扁平ト為ルヘキ弾丸ノ使用ヲ各自ニ禁止スル宣言」〈一八九九・七・二九、ヘーグ、四〇国、日本一九〇〇・一一・二二公布〉）および「**毒ガスの禁止に関するヘーグ宣言**」（正確には「窒息セシムヘキ瓦斯又ハ有毒質ノ瓦斯ヲ散布スルヲ唯一ノ目的トスル投射物ノ使用ヲ各自ニ禁止スル宣言」(一八九九・七・二九、ヘーグ、三八国、日本一九〇〇・一一・二二公布)は、サンクト・ペテルブルク宣言の「趣旨ヲ体シテ」いる。これらの兵器が残虐性を有しているからであろう。ただし、交戦国の一方に非締盟国が加わった時には、本条約遵守の義務が消滅するとしており、まだ弱さがある。

(5)**「国際聯盟規約」**(一九一九・六・二八、ヴェルサイユ、五八国(一九三六))は、ヴェルサイユ講和条約第一編を構成しており、これにもとづいて、国際聯盟が設立された(一九二〇・一・一〇、日本は同日公布、一九三五・三・二七脱退)。「締約国ハ、戦争ニ訴ヘサル義務ヲ受諾シ、各国間ニ於ケル公明正大ナル関係ヲ規律シ、各国政府間ノ行為ヲ律スル現実ノ基準トシテ国際法ノ原則ヲ確立シ、組織アル人民ノ相互ノ交渉ニ於テ正義ヲ保持シ且厳ニ一切ノ条約上ノ義務ヲ尊重シ、以テ国際協力ヲ促進シ、且各国間ノ平和安寧ヲ完成セシムカ為、茲ニ国際聯盟規約ヲ協定ス」(前文)るにいたった。締約国が戦争に訴えない義務を受諾し、国際法の原則を確立し、組織ある人民の交渉によって、各国間の平和安寧を完成するということは、平和・不戦の視点から望ましい。「聯盟総会ハ、聯盟ノ行動範囲ニ属シ又ハ世界ノ平和ニ影響スル一切ノ事項ヲ其会議ニ於テ処理ス」る(三条三項。聯盟理事会も同じ。四条四項)「聯盟国ハ、平和維持ノ為ニハ、其ノ軍備ヲ国ノ安全及国際義務ヲ協同動作ヲ以テスル強制ニ支障ナキ最低限度迄縮小スルノ必要アルコトヲ承認ス」る(八条一項)軍縮である。これは、消極的であるが、戦争の抑止になる、といえよう。「戦争又ハ戦争脅威ハ、聯盟国ノ何レカニ直接ノ影響アルト否トヲ問ハス、総テ聯盟全体ノ利害関係事項タルコトヲ茲ニ声明ス。仍テ聯盟ハ、国際ノ平和ヲ擁護スル為適当且有効ト認ムル措置ヲ執ルヘキモノトス」（一一条一項）ることを打出している。「聯盟国ハ、聯盟国間ニ国交断絶ニ至ル虞アル紛争発生スルトキハ、当該事件ヲ仲裁裁判若ハ司法解決又ハ聯盟理事会ノ審査ニ付スヘク、且仲裁裁判官ノ判決若ハ司法裁判ノ判決後又ハ理事会ノ報告後三月ヲ経過スル迄如何ナル場合ニ於テモ、戦争ニ訴ヘサルコトヲ約ス」（一二条一項）とし、裁判によって、戦争を回避しようとしている。これらを「無視シテ戦争ニ訴ヘタル聯盟国ハ、当然他ノ総テノ聯盟国ニ対シ戦争行為ヲ為シタルモノト看做」し、「他ノ総テノ聯盟国ハ」、「一切ノ通商上又ハ金融上ノ関係ヲ断絶シ、自国民ト違約国国民トノ一切ノ交通ヲ禁止」するなどの制裁を課する（一六条一項）。「聯盟国ト非聯盟国トノ間又ハ非聯盟国相互ノ間ニ紛争ヲ生シタルトキハ、此種紛争解決ノ為聯盟国ノ負フヘキ義務ヲ該非聯盟国カ聯盟理事会ノ正当ト認ムル条件ヲ以テ受諾スルコトヲ」勧告する（一七条一項）。委任統治の規定（二二条）も、設けている。このような規定からみて、国際聯盟は、国際平和の確保と国際協力の促進をめざしており、平和・不戦に貢献できる組織である、といえる。

国際聯盟の設立は、三十数国をまきこみ、死者八五五万人、負傷者一二四五万人という大きな犠牲を出した第一次世界大戦（一九一四・七・二七〜一九一八・一一・一一）の反省にもとづいている、と解される。一九三四年現在で、五八国が加盟している。アメリカは、ウィルソン大統領（在位一九一三〜一九二一）が「世界平和の原則一四箇条（一九一八・一・八、上下両院合同会議における演説）のなかで、「大国ニモ小国ニモ均シク政治上ノ独立及領土保全ノ相互保障ヲ供スル目的ヲ以テ特別条約ノ下ニ諸国民ノ一般的団体即国際聯盟ヲ組織セサルヘカラス」（一四条）と提言したが、国内の孤立主義の抬頭によって、加盟しなかった。

国際聯盟の国際法上の性質について、国際聯盟は、国際法をもっぱら国家間の関係を規定する法であるとし、その主体を国家にかぎるとする見解から、組合的な単純な連合であって、権利、義務の主体ではないとする説と、制限された権利、義務を有するところの制限的な国際法主体であり、国家連合の一種であるとする説がある。前者が多数説のようであるが、後者を支持したい。

国際聯盟設立の趣旨とカントの『永遠平和のために』（一七九五）の理念とは、平和・不戦という点に共通しているところがある。ただし、国際聯盟の設立がカントの影響によるという立証は、まだできていない。カントは、第二章第二確定条項「国際法は、自由な諸国家の連合制度に基礎を置くべきである」としたところで、つぎのように論じている。[2]「理性は道徳的に立法する最高権力の座から、係争解決の手続きとしての戦争を断乎として処罰し、これに対して平和の状態を直接の義務とするが、それでもこの状態は、民族間の契約がなければ、樹立することも、また保障されることもできないのである」。この「理由から平和連合とでも名づけることができる特殊な連合が存在しなければならない」。「この連合が求めるのは、なんらかの国家権力を手に入れることではなくて、もっぱら国家そのもののための自由と、それと連合したほかの諸国家の自由を維持し、保障することであって、しかも諸国家はそれだからといって、公法や公法の下での強制に服従する必要はないのである。——連合制度は次第にすべての国家の上に拡がり、そうして永遠平和へと導くことになろうが、連合性のこうした理念の実現可能性（客観的実在性）は、おのずから証明されるのである」。「一つの世界共和国という積極的理念の代わりに、戦争を防止し、持続しながらたえず拡大する連合という消極的な代替物のみが、法をきらう好戦的な傾向の流れを阻止できるのである（四二～四五ページ）。

カントは、『永遠平和のために』につづいて、翌年、「哲学における永遠平和条約の締結が間近いことの告示」を書いている(3)。これは、批判哲学について、その正当性を主張した論文であるが、そのなかで、つぎのように述べている。「知恵の教えである哲学に対して、ひとはもはやなにひとつ重要な異議を唱えないし、また唱えることもできないから、われわれは、この哲学によって正当に次のことを告げることができるのである。すなわち、哲学における永遠平和が近いことを」（二四六ページ）。「単なる知識の欠如、おそらくはまた嫌がらせへの悪しき性癖のようなものが、攻撃を生み出すことができたのであるが、それにもかかわらず、この攻撃は、哲学における永遠平和の告示を取り壊すことはできないのである。というのは、ひとびとは相互に理解しあいさえすれば、すぐにも締結せられているに等しいような性質の平和連盟は、もうそれだけで締結されたものとして、少なくとも締結に近づいているとして告知することはできるのである」（二四九ページ）。「汝の嘘を言うなかれ、という命令は、これが知識の教えとしての哲学のなかに原則としてきわめて深くとりいれられるならば、この命令一つで哲学における永遠平和を実現できるだけでなく、さらに将来にわたって永遠平和を保障することができるであろう」（二五〇ページ）。連合制度である国際聯盟が実際に設立したのは、一二〇余年がたってからである。

国際連盟規約は、平和・不戦を貫くためには、ふじゅうぶんではあるが[4]、これが厳守されていたならば、かなり戦争を抑止できたはずであるが、好戦的なナチズム・ファシズム・軍国主義に起因する第二次世界大戦の勃発によって、国際聯盟そのものが崩壊してしまった。まことに残念である。形式的には、第二次世界大戦終結後、国際連合の設立にともない、一九四六年四月一八日、最後の総会を開き、解散の決議をした。

2

（6）**「海軍軍備制限に関する条約」**（一九二二・二・六、ワシントン）は、「締約国ハ本条約ノ規定ニ従ヒ各自ノ海軍軍備ヲ制限スヘキコトヲ約定」した（一条）。主力艦は、アメリカ、イギリス各五二万五〇〇〇トン、日本三一万五〇〇〇トン、フランス、イタリア各一七万五〇〇〇トン（四条）、航空母艦は、アメリカ、イギリス各一三万五〇〇〇トン、日本八万一〇〇〇トン、フランス、イタリア各六万トン（七条）を超えることができない。主力艦、航空母艦以外の軍艦で、一万トンを超えるものは、これを取得し、建造し、建造せしめもしくはその法域内において建造を許すことができない（一一条）。このほか、単艦トン数、備砲口径の上限を制限している（五～六条、九～一〇条）。国際聯盟規約（八条）の具体化といえよう。日本は、アメリカ、イギリスに次ぐ海軍軍事大国になっている。

（7）**「国際紛争の平和的処理に関するジュネーヴ議定書」**（一九二四・一〇・二、国際聯盟第五回総会決定）は、「一般的平和ノ維持ヲ確保シ及生存、独立又ハ領域カ脅カサルルコトアルヘキ国ノ安全ヲ確保セムトスル鞏固ナル希望ニ促カサレ、国際団体ニ属スル諸国ノ連帯関係ヲ認メ、侵略戦争カ右連帯関係ノ侵害及国際的罪悪ヲ構成スルコトヲ確認シ、国家間ニ於ケル紛争ノ平和的処理ノ為国際聯盟規約ニ規定セラルル制度ノ完全ナル適用ヲ容易ナラシムルコト及国際的罪悪ノ防遏ヲ確保セムコトヲ欲シ」（前文）、「署名国ハ相互間ニ於ケル又ハ以下所定ノ一切ノ義務ヲ受諾スルコトアルヘキ国ニ対シテ如何ナル場合ニ於テモ戦争ニ訴ヘサルコトヲ約ス但シ侵略行為ニ対スル抵抗ノ場合又ハ聯盟規約及本議定書ノ規定ニ従ヒ国際聯盟ノ理事会又ハ総会ノ同意ヲ以テ行動スル場合ハ此ノ限ニ在ラス」（二条）をはじめ、「署名国ハ他国ニ対スル侵略ノ脅威ヲ構成スルコトアルヘキ行為ヲ為ササルコトヲ約ス」（八条一項）、「非武装地帯ノ存在ハ侵略ヲ防止シ且下記第十条ニ定メラルル性質ノ確実ナル認定ヲ容易ナラシムルモノナルニ依リ互ニ同意スル国間ニ於ケル右地帯ノ設定ハ本議定違反ノ防止手段トシテ勧告セラルルモノトス」（九条一項）、「聯盟規約又ハ本議定書ニ掲クル約束ニ違反シテ戦争ニ訴フル国ハ総テ侵略国トス非武装地帯ニ付定メラレタル規則ノ違反ハ戦争ニ訴ヘルニ等シキモノト看做サルヘシ」（一〇条一項）などの規定をあげ、その他手続事項を定めている。国際聯盟規約を補足し、具体的内容となっている。

（8）「**毒ガス等使用禁止に関するジュネーヴ議定書**」（正確には「窒素性ガス、毒性ガス又はこれらに類するガス及び細菌学的手段の戦争における使用の禁止に関する議定書」〈一九二五・六・一七、ジュネーヴ、一三三国、日本一九七〇・五・二一効力発生〉）は、「窒素性ガス、毒性ガス又はこれらに類するガス及びこれらと類似のすべての液体、物質又は考案を戦争に使用することが文明世界の世論によって正当にも非難されているので」、「締約後は、前記の使用を禁止する条約の当事国となっていない限りこの禁止を受諾し、かつ、この禁止を細菌学的戦争手段の使用についても適用すること及びこの宣言の文言に従って相互に拘束されることに同意する」としている。ダムダム弾の禁止、毒性ガスの禁止に関する宣言に加わる国が増え、この禁止が細菌学的戦争手段の使用にも拡張されたことは、進展であろう。大半の国においては、一九二八年に効力発生しているのに、日本は、一九二五年に署名しながら、効力発生が四〇年以上遅れたのは、国内事情によるものであろうが、遺憾である。

（9）「**第六回国際聯盟総会決議**」（一九二五・九・二五）は、「侵略戦争は国際的犯罪を構成することを再び宣言し、国際聯盟規約の精神に則り、且議定書の原則（仲裁裁判、安全保障及軍備縮小）に合致する仲裁裁判条約及安全保障条約の締結により上記の目的を達成せむとする諸国家の努力を好ましいものと認め、こうした合意は必ずしも限られた地域に制限すべきものではなく、全世界に適用させうるものであることを確認し」ている。

（10）「**第八回国際聯盟総会決議**」（「侵略戦争に関する宣言」〈一九二七・九・二四〉）は、「国家間の社会連帯関係を認め、一般的平和の維持に対する確乎たる希望に動かされ、侵略戦争は断じて国際的紛争を解決する手段に非ずして、結果に於て国際的罪悪たることを確信し、一切の侵略戦争の厳粛なる放棄が軍縮を展望した事業の前進に資すると思われる一般的な信頼の空気を醸成することを考慮し、次の事項を宣言する。（一）一切の侵略戦争は常に禁止されるべきである。（二）国家間に起るあらゆる性質の紛争の解決にはあらゆる平和的手段を用いざるべからず」としている。国際聯盟総会決議を積重ね、規約のふじゅうぶんさを補強している、と思われる。とくに侵略戦争を国際的罪悪と決めつけ、これを禁止させようとする意図がうかがわれる。

(11)「**不戦条約**」(正確には「戦争放棄ニ関スル条約」〈一九二八・八・二七、パリ、六〇国、日本一九二九・七・二五公布〉)は、「人類ノ福祉ヲ増進スヘキ其ノ厳粛ナル責務ヲ深ク感銘シ、其ノ人民間ニ現存スル平和及友好ノ関係ヲ永久ナラシメンカ為国家ノ政策ノ手段トシテノ戦争ヲ率直ニ放棄スヘキ時機ノ到来セルコトヲ確信シ、其ノ相互関係ニ於ケル一切ノ変更ハ平和的手段に依リテノミ之ヲ求ムヘク又平和的ニシテ秩序アル手続ノ結果タルヘキコト及今後戦争ニ訴ヘテ国家ノ利益ヲ増進セントスル署名国ハ本条約ノ供与スル利益ヲ拒否セラルヘキモノナルコトヲ確信シ、其ノ範例ニ促サレ世界ノ他ノ一切ノ国カ此ノ人道的努力ニ参加シ且本条約ノ実施後速ニ之ニ加入スルコトニ依リテ其ノ人民ヲシテ本条約ノ規定スル恩沢ニ浴セシメ以テ国策ノ手段トシテノ戦争ノ共同放棄ニ世界ノ文明諸国ヲ結合センコトヲ希望シ」(前文)て、「締約国ハ国際紛争解決ノ為戦争ニ訴フルコトヲ非トシ且其ノ相互関係ニ於テ国家ノ政策ノ手段トシテノ戦争ヲ放棄スルコトヲ其ノ各自ノ人民ノ名ニ於テ厳粛ニ宣言ス」(一条)、「締約国ハ相互間ニ起コルコトアルヘキ一切ノ紛争又ハ紛議ハ其ノ性質又ハ起因ノ如何ヲ問ハス平和的手段ニ依ルノ外之カ処理又ハ解決ヲ求メサルコトヲ約ス」(二条)と定めた。前文の後のほうに、「戦争ノ共同放棄」という表現があり、注目される。各国が共同して一緒に放棄するというのであるから、その意義は、大きい。この条約は、通称であるが、「不戦」の名を冠している最初の条約であり、評価できる。内容は、国際聯盟規約などを引継ぎ、強化している。

この条約は、「人民」のことを強調しているように思われる。「人民間ニ現存スル平和及友好」（前文）、「人民ノ名ニ於テ厳粛ニ宣言ス」（一条）、新に加入する国の「人民ヲシテ本条約ノ規定スル恩沢ニ浴セシ」（前文）める、である。どの国でも、政権とその官僚は、別として、一般人民は、平和・不戦を願望しているので――人民の思想といってもよかろう――これにもとづいて、この条約を締結するに至った、と解される。日本政府は、この「人民」に抵抗し、署名したのは、他国と同じ日であるが、わざわざ第一条の「其ノ各自ノ人民ノ名ニ於テ」という「字句ハ、帝国憲法ノ条章ヨリ観テ、日本国ニ限リ適用ナキモノト了解スルコトヲ宣言ス」（一九二九・六・二九、批准と同日）と弁明している。大日本帝国憲法は、人民でもなく、国民でもなく、「臣民」と表現していたからであろう。各国は、この宣言をどのようにみていたであろうか。

この条約にたいして、アメリカは、「不戦条約の米国案は、いかなる形においても自衛権を制限しまたは毀損するなにものも含むものではない。この権利は各主権国家に固有のものであり、すべての条約に暗黙に含まれている。各国は、いかなる場合にも、また条約の規定に関係なく、自国の領土を攻撃または侵入から守る自由をもち、また事態が自衛のための戦争に訴えることを必要とするか否かを独自に決定する権利をもつ」という政府公文を発表した（不戦条約署名の直後と思われるが、その年月日は不明）。国際聯盟規約、その他の条約で、自衛権、自衛のための戦争を禁止する規定を設けているものはない。それなのに、このさい、ことさらこのような政府公文を発表したことは、疑問であり、戦争を保留する意図があるように思われる。ただし、ヘンリー・スティムソン（一九二九〜一九三三、フーバー大統領のもとで国務長官）は、「不戦条約と極東におけるアメリカの立場」のなかで[5]、「フーバー政権は当初から、不戦条約は基本法的性格をもち、その整備のためにアメリカは全勢力を注ぐべきだと考え」、不戦条約を「アメリカが世界の安定と平和の構築に協調するための手段とみなした」、「一九三一年に満州で日中軍事衝突が起きたとき」、「アメリカ政府は、不戦条約を軸にこの紛争当事国と直接交渉することで、平和に向けた他国との協調を築」き、「こうした努力の成果としてリットン委員会（調査団）が組織され」、その「報告書は、危機に対処する際の国際協調という面でまさに画期的な一歩だった」、「一九三二年一月七日にアメリカ政府は、日本が侵略の結果獲得したものについては、これを認めないとする「不承認政策」を表明したが、この政策もまた不戦条約を基盤としていた」と誇示している。

（12）「国際紛争平和的処理に関する一般議定書」（一九二八・九・二六、国際聯盟総会採択）

は、調停（一～一六条）、司法的解決（一七～二〇条）、仲裁解決（二一～二八条）および一般規定（二九～四七条）の手続について、規定している。

3

（13）「海軍軍備の制限及縮小に関する条約」（「ロンドン海軍条約」ともいう。〈一九三〇・四・二二、ロンドン、五国、日本一九三一・一・一公布〉）は、一九二二年の条約による一九三一年からの代替建造を一九三六年まで延期し（一条）、主力艦をアメリカ、イギリス、各一五隻、日本九隻とし、これを超えるアメリカ三隻、イギリス五隻、日本一隻（比叡）を一年半以内に処分する（二条）ことを決めたほか、補助艦について、大型巡洋艦をアメリカ一八万トン、イギリス一四万六八〇〇トン、日本一〇万八四〇〇トン、小型巡洋艦をアメリカ一四万三五〇〇トン、イギリス一九万二二〇〇トン、日本一〇万四五〇トン、駆逐艦をアメリカ、イギリス各一五万トン、日本一〇万五五〇〇トン、潜水艦を三国ともに五万二七〇〇トンとした。しかし、「非締約国の新艦建造で、安全を脅かされた締約国は、他の締約国に通告のうえ必要の艦艇を増加することができ、他の締約国もそれに比例して増加できる」（二一条）ことが加えられており、軍縮の効果は、削減された。この条約は、一九三六年まで効力を有すると定められている（二三条）が、日本は、一九三四年に、一九三六年末をもって、両条約による制限が終結することを通告しており、本来は一九三六年以降も継続すべきであったが、ドイツは、ベルサイユ講和条約に違反して、海軍軍備の増強をすすめていたので、軍縮の基盤が失われた。両条約の失効とともに、各国は、激しい建艦競争をくりひろげた。

（14）「**戦争防止の手段を助長するための条約**」（一九三一・九・二、国際聯盟第一二回総会可決）は、「紛争国中ノ一方ノ兵力カ他ノ一方ノ地域若クハ領海又ハ国際協定ニ依リ武装ヲ解除セラレタル地帯ニ侵入シタルカ又ハ之ヲ飛翔スルトキハ理事会ハ右兵力ノ撤退ヲ確保スル為ノ措置ヲ命スルコト」（二条）ができ、理事会が有益と認めるとき、または紛争当事国の一方が要求するときは、「理事会ニヨリ勧告セラレタル軍事的保全措置ノ実行ヲ現地ニ於テ検証スルコトヲ専ラ委託セラレタル委員ヲ任命」（四条一項）し、第二条に定めた「措置ノ違反カ理事会ニヨリ検証セラレ且理事会ノ命令ニモ拘ラス持続セラルルトキハ理事会ハ本条約ノ実施ヲ確保スル為一切ノ手段ヲ具申」（五条一項）し、この「違反ニ引続キ戦争勃発セルトキハ締約国ハ右違反ヲ以テ有責当事国カ規約十六条ノ意味ニ於ケル戦争ニ訴ヘタルトスル推定ヲ許スモノト認」（五条二項）める、としている。戦争防止に有効である、と解される。

（15）「**侵略の定義に関する条約**」（一九三三・七・四、ロンドン、七国）は、「侵略ノ弁明ノ為ノ一切ノ口実ヲ予防センカ為能フ限リ正確ニ侵略ヲ定義スルコトヲ一般的安定ノ利益上必要ナリト認メ、一切ノ国家カ独立、安全、其ノ領域ノ防衛及其ノ施設ノ自由ナル発達ニ関シ主張スルノ権利ヲ均シク有スルコトヲ認メ、一般平和ノ利益上、其ノ国ノ領域ノ不可侵性ヲ一切ノ人民ニ対シ確保センコトノ希望ニ促サレ」（前文）て、定められた。侵略国と認められるのは、①他の一国に対する開戦宣言、②開戦宣言がなくても、兵力による他の一国への侵入、③開戦宣言がなくても、陸軍、海軍、空軍による他の一国の領域、船舶、航空機への攻撃、④他の一国の沿岸、港の海上封鎖、⑤各自の領域において編成された武装隊で、他の一国の領域に侵入したものに対する支援の供与、または被侵入国の要求があるのに、その武装隊から一切の援助、保護を剥奪するために各自の領域において、そのなしうる一切の措置をとることの拒絶である（二条）。「政治的、軍事的、経済的又ハ他ノ如何ナル事由モ第二条ニ規定セラルル侵入ノ弁辞又ハ弁明ノ用ニ供セラルルコトヲ得サルヘシ」（三条）としている。明らかに侵略戦争とみられるのに、なんらかの理由をつけて、弁明することがしばしばなされているが、この条約は、侵略の定義を具体的に示し、弁解、弁明を許さないとしており、注目される。締約国については、もちろん、非締約国にも、適用できる。

(16)「**ラテン・アメリカ不戦条約**」（正確には「不侵略及調停に関する南北両アメリカ六国不戦条約」（一九三三・一〇・一〇、リオ・デ・ジャネイロ））は、「侵略的戦争及武力的征服ニ依ル領土ノ獲得ヲ非トシ、此等ヲ不可能ナラシメ、本条約ノ明文ニ依リ之カ無効ナルコトヲ確認シ並ニ此等ニ代フルニ正義及衡平ノ高尚ナル観念ニ基ク平和的解決ヲ以テセントスル目的ヲ以テ、平和カ世界ニ与フル精神的及物質的利益ヲ確保スル最有力ナル方法ノ一ハ国際紛争ニ対スル常設調停機関ヲ創設シ前記諸原則ノ侵害アルトキ直ニ之ヲ適用スルコトヲ確信シ」（前文）、「締約国ハ相互間ノ又ハ他国トノ関係ニ於ケル侵略戦争ヲ非トシ各締約国間ニ生スルコトアルヘキ各般ノ紛争又ハ論争ノ解決ハ国際法ノ是認セル平和的手段ニ依リテノミ之ヲ為スヘキコトヲ厳粛ニ宣言ス」（一条）、「締約国間ニ於テハ領土問題ハ暴力ニ依リ解決セラルルコトナカルヘク且平和的手段ニ依リテ到達セラレタルニ非サル領土取極及武力ニ依リ得ラレタル領土ノ占有又ハ獲得ノ効力ヲ承認セサルコトヲ宣言ス」（二条）、「紛争中ノ国カ前記各条ニ含マルル義務ヲ履行セサル場合ニ於テハ、締約国ハ平和維持ノ為其ノ全努力ヲ尽スコトヲ約ス。此ノ目的ノ為締約国ハ中立国ノ資格ニ於テ共同一致ノ態度ヲ執リ、国際法ニ依リ認容セラレタル、政治的、法律的、及経済的手段ヲ実行シ、与論ノ力ヲ使用スヘシト雖モ如何ナル場合ニ於テモ外交的又ハ軍事的干渉ニ訴フルヘカラス」（三条）と規定している。これらによって解決できないときは、調停に付託される（四〜一二条）。侵略戦争、武力的征服による領土獲得を無効とし、紛争を平和的手段によってのみ解決することを目的とし、締約国が共同一致して全力を尽し、それでも解決できないときは、常設調停機関の調停に付託する。一九二八年の不戦条約よりも平和・不戦にたいする意気込みが強くなっている、といえる。

4

（17）「大西洋憲章」（「イギリス・アメリカ共同宣言」ともいう。〈一九四一・八・一四、大西洋上〉）は、「領土的たるとその他たるとを問わず、いかなる拡大も求めない」（第一「領土不拡大」）、「すべての国民に対して、彼等がその下で生活する政体を選択する権利を尊重する。主権及び自治を強奪された者にそれらが回復されることを希望する」（第三「民族自決権」）、「ナチ暴政の最終的破壊の後、すべての国民に対して、各自の国境内において安全に居住することを可能とし、かつ、すべての国のすべての人類が恐怖及び欠乏から解放されてその生命を全うすることを保障するような平和が確立されることを希望する」（第六「平和の確立」）など八原則を掲げている。とくに領土不拡大の原則は、戦争によって、他国の領土を略奪しても、それを自国の領土とすることはできず、一時的に占領しても、いずれ返還しなければならないと解せられるから、消極的ながら、戦争の抑止になる、と思われる。[6] これらの原則は、イギリス、アメリカだけの宣言にとどまらないで、世界共通となりうるであろう。この憲章にソビエト連邦、中華民国が支持を表明し、さらに二二国が加わり、国際連合憲章の基となった。

(18) 以上述べてきたように、平和・不戦を願う世界人民の思想を背景として、これを具現するために、国際条約が生まれ、とくに国際聯盟規約およびこれを補完する条約がつづき、世界の平和が期待されたが、好戦的なナチズム・ファシズム・軍国主義の暴政を抑制することができなかった。ついに、第二次世界大戦(一九三九・九・一〈ドイツのポーランド侵攻〉～一九四五・八・一五〈日本の無条件降伏〉)に突入し、約六〇国が交戦し、死者二二〇〇万人、負傷者三四〇〇万人の犠牲を出し(7)、アメリカは、日本に原子爆弾を投下した。

連合国は、「連合国共同宣言」(一九四二・一・一、ワシントン、二六国)を出し、さきの大西洋憲章の原則に賛意を表し、「世界を征服しようと努めている野蛮で獣的な軍隊に対する共同の闘争に現に従事しているものであることを確信」した(前文)。ついで、戦況が連合軍に有利に展開するに至った段階で、「全般的安全に関する四国宣言」(「モスクワ宣言」〈一九四三・一〇・三〇、モスクワ〉)を発表し、「一切ノ平和愛好国ノ主権ノ平等ノ原則ヲ基礎トシ且一切ノ右ノ如キ大小ノ国カ参加国タリ得ル一般的国際機関ヲ国際的ノ平和及安全ノ維持ノ為実行シ得ル限リ早期ニ設置スルノ必要ヲ認メ居ルコト」(第四)の構想を明らかにした。そのご、国際機関の具体案が審議され、一九四五年四月二五日から連合軍全体の国際会議がサンフランシスコで開かれ、五〇国(連合共同宣言にはじめに署名した二六国、後に加わった二〇国、会議の途中で出席を認められた四国）が参加し、二ヵ月にわたって、国際連合憲章の審議がおこなわれ、六月二五日に採択し、二六日に署名した。所定の手続を経て、一〇月二四日に発効した。国際連合は、当初、連合国、つまり戦勝国だけで設立した。憲章は、イギリス、アメリカ、フランス、ソビエト連邦、中華民国の五国を常任理事国と定め（二三条一項）、それらに拒否権（正確には同意投票の権利、二七条三項）を認めており、またいわゆる敵国条項（一〇七条）を置いている。新たに加盟するには、「この憲章に掲げる義務を履行し、且つ、この機構によってこの義務を履行する能力及び意思があることが認められ、安全保障理事会の勧告にもとづいて、総会の決定を得なければならない（四条）。最初の一〇年間は、東西間の冷戦が加盟に反映し、多くの国が加盟の門を閉ざされていた。冷戦が緩和されるにしたがって、敗戦国や新興国も加盟できるようになった（日本の加盟一九五六・一二・一八）。

国際連合憲章は、前文と「目的及び原則」、「加盟国の地位」、「機関」、「総会」、「安全保障理事会」、「紛争の平和的解決」、「平和に対する脅威、平和の破壊及び侵略行為に関する行動」、「地域的取極」、「経済的及び社会的国際協力」、「経済社会理事会」、「非自治地域に関する宣言」、「国際信託統治制度」、「信託統治理事会」、「国際司法裁判所」、「事務局」、「雑則」、「安全保障の過渡的規定」、「改正」、「批准及び署名」の一九章、一一一条からなっている。

「われら連合国の人民は、われらの一生のうちに二度まで言語に絶する悲哀を人類に与えた戦争の惨害から将来の世代を救い、基本的人権と人間の尊厳及び価値と男女及び大小各国の同権とに関する信念をあらためて確認し、正義と条約その他の国際法の源泉から生ずる義務の尊重とを維持することができる条件を確立し」、その他の「目的を達成するために、われらの努力を結集することに決定した」(前文)。国際連合の目的は、①「国際の平和および安全を維持すること。そのために、平和に対する脅威の防止及び除去と侵略行為その他の平和の破壊の鎮圧とのため有効な集団的措置をとること並びに平和を破壊するに至る虞のある国際的紛争又は事態の調整又は解決を平和的手段によって且つ正義及び国際法の原則の尊重に従って実現すること」、②「人民の同権及び自決の原則の尊重に基礎をおく諸国間の友好関係を発展させること並びに世界平和を強化するために他の適当な措置をとること」、③「経済的、社会的、文化的又は人道的性質を有する国際問題を解決することについて、並びに人種、性、言語又は宗教による差別なくすべての者のために人権及び基本的自由を尊重するように助長奨励することについて、国際協力を達成すること」、④「これらの共通の目的の達成に当って諸国の行動を調和するための中心となること」である(一条)。この目的を達成するために行動する原則は、①「この機構は、そのすべての加盟国の主権平等の原則に基礎をおいている」、②「すべての加盟国は、加盟国の地位から生ずる権利及び利益を加盟国のすべてに保証するために、この憲章に従って負っている義務を誠実に履行しなければならない」、③「すべての加盟国は、その国際紛争を平和的手段によって国際の平和および安全並びに止義を危うくしないように解決しなければならない」、④「すべての加盟国は、その国際関係において、武力による威嚇又は武力の行使を、いかなる国の領土保全又は政治的独立に対するものも、また、国際連合の目的と両立しない他のいかなる方法によるものも慎まなければならない」、⑤『すべての加盟国は、国際連合がこの憲章に従ってとるいかなる行動についても国際連合にあらゆる援助を与え、且つ、国際連合の防止行動又は強制行動の対象となっているいかなる国に対しても援助の供与を慎まなければならない』、⑥「この機構は、国際連合加盟国でない国が、国際の平和及び安全の維持に必要な限り、これらの原則に従って行動することを確保しなければならない」、⑦「この憲章のいかなる規定も、本質上いずれかの国の国内管轄権内にある事項に干渉する権限を国際連合に与えるものではなく、また、その事項をこの憲章に基く解決に付託することを加盟国に要求するものでもない。但し、この原則は、第七章に基く強制措置の適用を妨げるものではない」（二条）と定められている。

「総会は、すべての国際連合加盟国で構成」され（四条一項）、「国際の平和及び安全の維持についての協力に関する一般原則を、軍備縮小及び軍備規制を律する原則を含めて、審議し、並びにこのような原則について加盟国若しくは安全保障理事会又はこの両者に対して勧告することができ」（一一条一項）、「国際の平和及び安全を危うくする虞のある事態について、安全保障理事会の注意を促すことができる」（一一条三項）。ただし、「安全保障理事会がこの憲章によって与えられた任務をいずれかの紛争又は事態について遂行している間は、安全保障理事会が要請しない限り、この紛争又は事態についていかなる勧告もしてはならない」（一二条一項）。「総会の各構成国は、一個の投票権を有する」（一八条一項）。「重要問題に関する総会の決定は、出席し且つ投票する構成国の三分の二の多数によって行われる。重要問題には、国際の平和および安全の維持に関する勧告、安全保障理事会の非常任理事国の選挙、経済社会理事会の理事国の選挙、第八十六条1Cによる信託統治理事会の理事国の選挙、新加盟国の国際連合への加盟の承認、加盟国としての権利及び特権の停止、加盟国の除名、信託統治制度の運用に関する問題並びに予算問題が含まれる」（一八条二項）。その他の問題については、過半数で決定される（一八条三項）。

安全保障理事会は、アメリカ、イギリス、フランス、ロシア（当初は、ソビエト連邦）、中華人民共和国（当初は、中華民国）の五の常任理事国と選挙によって選ばれる一〇（当初は、六）の非常任理事国によって、構成される（二三条）。「世界の人的及び経済的資源を軍備のために転用することを最も少なくして国際の平和及び安全の確立及び維持を促進する目的で、安全保障理事会は、軍備規制の方式を確立するため国際連合加盟国に提出される計画を、第四十七条に掲げる軍事参謀委員会の援助を得て、作成する責任を負う（二六条）」。「安全保障理事会の各理事国は、一個の投票権を有」し（二七条一項）、手続事項に関する決定は、九理事国（当初は七理事国）の賛成（二七条二項）、その他の事項の決定は、「常任理事国の同意投票を含む九理事国（当初は七理事国）の賛成」（二七条三項）によっておこなわれる。

国際間に紛争が生じた場合は、平和的解決を第一としている。「いかなる紛争でもその継続が国際の平和及び安全の維持を危うくする虞のあるものについては、まず第一に、交渉、審査、仲介、調停、仲裁裁判、司法的解決、地域機関又は地域的取決の利用その他当事者が選ぶ平和的手段による解決を求めなければならない」（三三条一項）。「安全保障理事会は、必要と認めるときは、当事者に対して、その紛争を前記の手段によって解決するように要請する」（三三条二項）。「安全保障理事会は、いかなる紛争についても、国際的摩擦に導き又は紛争を発生させる虞のあるいかなる事態についても、その紛争の事態の継続が国際の平和及び安全の維持を危うくする虞があるかどうかを決定するために調査することができる」（三四条）。「国際連合加盟国は、いかなる紛争についても、安全保障理事会又は総会の注意を促すことができる」（三五条一項）。「安全保障理事会は、第三十三条に掲げる性質の紛争又は同様の性質の事態のいかなる段階においても、適当な調整の手続又は方法を勧告することができる」（三六条一項）。「第三十三条に掲げる性質の紛争の当事者は、同上に示す手段によってこの紛争を解決することができなかったときは、これを安全保障理事会に付託しなければならない」（三七条一項)。「安全保障理事会は、紛争の継続が国際の平和及び安全の維持を危うくする虞があると認めるときは、第三十六条に基づく行動をとるか、適当と認める解決条件を勧告するかのいずれかを決定しなければならない」(三七条二項)。これらの平和的解決について、安全保障理事会は、要請ないし勧告するだけにとどまるから、じゅうぶん効果をあげられるとはいえないのであろう。

国際紛争が武力攻撃にいたる危険がある場合は、それにたいして、つぎのように規定している。「安全保障理事会は、平和に対する脅威、平和の破壊又は侵略行為の存在を決定し、並びに、国際の平和及び安全を維持し又は回復するために、勧告をし、又は第四十一条および第四十二条に従っていかなる措置をとるかを決定する」(三九条)。「事態の悪化を防ぐため、第三十九条の規定により勧告をし、又は措置を決定する前に、安全保障理事会は、必要又は望ましいと認める暫定措置に従うように関係当事者に要請することができる。この暫定措置は、関係当事者の権利、請求権又は地位を害するものではない。安全保障理事会は、関係当事者がこの暫定措置に従わなかったときは、そのことに妥当な考慮を払わなければならない」(四〇条)。「安全保障理事会は、その決定を実施するために、兵力の使用を伴わないいかなる措置を使用すべきかを決定することができ、且つ、この措置を適用するように国際連合加盟国に要請することができる。この措置は、経済関係及び鉄道、航海、郵便、電信、無線通信その他の運輸通信の手段の全部又は一部の中断並びに外交関係の断絶を含むことができる」（四一条）。これらは、非軍事的措置で、それぞれによって、圧力を加え、紛争の解決をはかる。これによっても解決できない場合は、つぎのような軍事的措置をとることになる。

「安全保障理事会は、第四十一条に定める措置では不十分であろうと認め、又は不十分なことが判明したと認めるときは、国際の平和及び安全の維持又は回復に必要な空軍、海軍又は陸軍の行動をとることができる。この行動は、国際連合加盟国の空軍、海軍又は陸軍による示威、封鎖その他の行動を含むことができる」（四二条）。このような軍事的措置は、国際聯盟規約にはなかった。「国際の平和及び安全の維持に貢献するため、すべての国際連合加盟国は、安全保障理事会の要請に基き且つ一又は二以上の特別協定に従って、国際の平和及び安全の維持に必要な兵力、援助及び便益を安全保障理事会に利用させることを約束する。この便益には、通過の権利が含まれる」（四三条一項）。「安全保障理事会は、兵力を用いることに決定したときは、理事会に代表されていない加盟国に対して第四十三条に基いて負った義務の履行として兵力を提供するように要請する前に、その加盟国が希望すれば、その加盟国の兵力中の割当部隊の使用に関する安全保障理事会の決定に参加するようにその加盟国を勧誘しなければならない」（四四条）。「兵力使用の計画は、軍事参謀委員会の援助を得て安全保障理事会が作成する」（四六条）。「国際の平和及び安全の維持のための安全保障理事会の軍事的要求、理事会の自由に任された兵力の使用及び指揮、軍備規制並びに可能な軍備縮少に関するすべての問題について理事会に助言及び援助を支えるために、軍事参謀委員会を設ける」（四七条一項）。「国際の平和及び安全の維持のための安全保障理事会の決定を履行するのに必要な行動は、安全保障理事会が定めるところに従って国際連合加盟国の全部又は一部によってとられる」（四八条一項）。「国際連合加盟国は、安全保障理事会が決定した措置を履行するに当って、共同して相互援助を与えなければならない」（四九条）。このように、平和に対する脅威、平和破壊、侵略行為があった場合に、安全保障理事会の認定にもとづいて、軍事的措置をとることができることになっている。しかし、実際には、大国間の利害関係、常任理事国の「拒否権」の行使などによって、その実行は、困難である。朝鮮戦争のさい、国際連合軍が編成されたのが唯一の例である。この軍事的措置にたいして、武力紛争の悪化を防ぎ、これを平和的に収拾するために、平和維持軍や軍事監視団を派遣し、その現地に駐留させ、停戦や兵力撤退をうながし、戦争の再発を防止するいわゆる平和維持活動が注目されるようになった。平和維持活動に従事する軍隊は、中立の立場をとっている。この例は、いくつもみられる。国際連合憲章に規定はないが、六章の「紛争の平和的解決」と七章の「平和に対する脅威、平和破壊及び侵略行為に関する行動」の中間に位置するような方式で、「六章半活動」とよばれている。慣行によって成立した方式とみられる。それなりに成果をあげており、是認されよう。

七章の尾末に「この憲章のいかなる規定も、国際連合加盟国に対して武力攻撃が発生した場合には、安全保障理事会が国際の平和及び安全の維持に必要な措置をとるまでの間、個別的又は集団的自衛の固有の権利を害するものではない。この自衛権の行使に当って加盟国がとった措置は、直ちに安全保障理事会に報告しなければならない。この措置は、安全保障理事会が国際の平和及び安全の維持又は回復のために必要と認める行動をいつでもとるこの憲章に基く権能及び責任に対しては、いかなる影響を及ぼすものではない」（五一条）とする規定を設けている。これは、国際連合加盟国が武力攻撃をうけた場合、安全保障理事会がこれにたいし、国際の平和および安全の維持に必要な措置をとるまで、暫定的に自衛権を行使して、防衛するという趣旨であり、このことを安全保障理事会に報告し、以後、安全保障理事会の行動に委ねるということである。アメリカは、イラクが大量破壊兵器を所有していると自己判断し（国際原子力機関の査察で、大量破壊兵器は発見されなかった）、武力攻撃をする準備をし（クエートその他に派兵）、当初は、安全保障理事会の決定を受けようと画策し、日本の外相などが非常任理事国を説得して回ったが、九理事国の賛成を得る見込みがたたず、国際連合を無視して、単独行動をとり、イギリスと共に、二〇〇三年三月二〇日、イラクに「先制攻撃」（イラクが大量破壊兵器でアメリカを攻撃する前にということのようであるが、イラクが攻撃するとは考えられなかった）をはじめた。

しかし、その根拠は、国際連合憲章の中に見出すことはできない。かえって、これは、平和の破壊であり、侵略行為である。本来ならば、安全保障理事会は、これに対して、軍事的措置をとらなければならないのであるが（四二条以下）、その動きはなかった。イラクは、応戦した。これは、「自衛権の行使」（五一条）に該当する。しかし、圧倒的に強大な戦力を有するアメリカ軍、イギリス軍によって、敗退した。ブッシュ大統領は、五月一日、「戦闘終結」を宣言した。イラクは、降伏を表明していない。部分的に、遊撃戦をつづけている。ブッシュ大統領は、これをテロと称しており、日本政府は、これに従い、マスコミも、そのまま報道している。強大な戦力に対して、弱小の場合は、このような戦術で対抗せざるをえない。ゲリラ戦争と称したほうがよい、と思われる。自衛戦争（五一条）の継続といえよう。アメリカが武力攻撃で使用したクラスター爆弾は、残虐性があり、サンクト・ペテルブルク宣言の趣旨に違反している、と思う。アメリカの「先制攻撃」は、覇権主義、新植民地主義の現れであり、国際連合の危機をもたらしている。

(19)「軍縮大憲章」（正確には「軍備の全般的な規制及び縮小を律する原則」〈一九四六・一二・一四、国際連合第一回総会決議四一〉）は、つぎのような認定、勧告をしている。「国際連合憲章第一一条を履行し、また国際連合の目的と原則に従って国際の平和と安全を強化する目的をもって、総会は、兵器と武装兵力の、早期にして全般的な規制と縮小の必要性を認める」（一項）。

「したがって、総会は、安全保障理事会が兵器と武装兵力の全般的な規制と縮小を規定するために欠くことのできない、そしてそのような兵器と武装兵力の規制と縮小が参加国の一部だけによって一方的に遵守されるのではなく、すべての参加国により全般的に遵守されることを保証するために欠くことのできない実際的諸措置をその優先性に従って策定するよう、早急に審議することを勧告する」(二項)。「原子力兵器及び現在と将来に大量破壊に応用できる他のいっさいの主要兵器を禁止し、それらの兵器を国家軍備から排除するという、また原子力、その他の近代科学的発見と技術的発達を平和的目的だけに利用することを保証するため、それらの国際管理を早期に確立するという、緊急の目的にとっての欠くことのできない手段として、総会は、原子力委員会が、一九四六年一月二四日の総会決議第五項に規定された委任事項を迅速に実行することを促す」(三項)。「軍備の全般的な禁止、規制及び縮小がたんに小火器に対するだけでなく、近代戦の主要兵器に向けられることを保証するため、総会は、安全保障理事会が、原子力委員会が安全保障理事会に提出する報告の審議を促進すること、安全保障理事会が原子力委員会の事業を容易にすること、そしてまた安全保障理事会が管理と査察の国際体制を創設する協約草案の審議を促進することを、勧告する」(四項)。「兵器と武装兵力の、早期にして全般的な規制と縮小のための、原子力の軍事的目的への使用禁止、及び原子力兵器、その他現在または将来に大量破壊に応用できるいっさいの主要兵器の国家軍備からの排除のための、さらに原子力を平和的目的だけに利用することを保証するのに必要な程度の原子力管理のための、諸措置の採用を保証するため、国際の平和と安全の維持に主要責任を負う安全保障理事会の機構内に、第四項に述べられたような、特別機関を通じて活動する国際体制が確立される。この特別機構は、その設置を規定する協約または諸協約によって、その権限と地位を与えられる」(六項)。「総会は、安全保障の問題を、軍備縮小の問題と密接に関連するものとみなし、安全保障理事会が、国際連合憲章第四三条に述べられた武装兵力を、その自由に利用しうる状態に置くことをできるだけ促進するように勧告する。国際連合加盟諸国が、占領上の必要事項を考慮に入れつつ、旧敵国領土に駐屯するその軍隊の漸進的で、均衡のとれた撤退に着手し、また加盟国領土内に、国際連合憲章に合致し、国際協定に抵触しない条約または協定中にその国の同意が自由に、しかも公然と表明されることなく、駐屯している武装兵力の、遅滞のない撤退に着手することを勧告する。さらに、これに対応する国家武装兵力の縮小、及び国家武装　兵力の全般的、漸進的で均衡のとれた縮小を勧告する」(七項)。

いずれも、重要な、かつ望ましい内容であり、とくに、この時点において、原子力兵器を禁止し、原子力を平和的目的だけに利用するという趣旨は、傾聴に値する。これは、アメリカが崩壊寸前の状態にあった日本に対し、あえてきわめて残虐的な原子爆弾を投下し、多数の市民に悲惨な犠牲をもたらしたことを考慮している、と思われる。軍縮大憲章による認定、勧告が実行され、その効果をあげているかといえば、疑問である。

(20)「**平和のための結集決議**」(一九五〇・一一・三、国際連合第五回総会決議三七七)は、安全保障理事会が常任理事国の「拒否権」行使などによって、平和および安全の維持の任務を果たせないことがあったので、これを改善するためになされた。「平和に対する脅威、平和の破壊又は侵略行為があると思われる場合において、安全保障理事会が、常任理事国の全員一致が得られなかったために国際の平和及び安全の維持に関するその主要な責任を遂行しえなかったときは、総会は、国際の平和及び安全を維持し又は回復するための集団的措置(平和の破壊又は侵略行為の場合には必要に応じ兵力を使用することを含む)を執るように加盟国に対し適当な勧告を行う目的をもって、直ちにその問題を審議すべきことを決議する。総会は、その時会期中でない場合には、要請があったときから二十四時間以内に緊急特別会期を開くことができる。この緊急特別会期は、いずれかの七理事国[8]の投票に基づく安全保障理事会の要請又は国際連合加盟国の過半数の要請があったときに招集されるものとする」(Aの1)。安全保障理事会が常任理事国の「拒否権」行使によって、動きがとれなくなったとき、総会が代って、平和および安全の維持の任務を果たすという趣旨であり、支持したい。ただし、国際の平和と安全の維持については、安全保障理事会が主要な責任を負うこと（国連憲章二四条）、兵力の使用決定を安全保障理事会の専権事項としていること（同三九条、四二条、四九条）から問題を残している。国際の平和と安全の維持を円滑に、かつ迅速に実現させる視点から、常任理事国の「拒否権」を含めて、国際連合の改革を検討すべきである、と考える。

(21)「**オーストリアの永世中立に関する交換公文書**」（日本については、「オーストリアの永世中立の認証に関する日本国政府とオーストリア政府との間の交換公文書」〈一九五五・一一・一四、一一・一六〉）は、つぎのように取り交わされた。オーストリア公使館から日本外務省に、「一九五五年一〇月二六日に、オーストリア議会は、オーストリアの永世中立に関する憲法法規は、一九五五年一一月五日に発効したが、その内容は」、「外に対し常に独立を確保するため及び自国領土を侵されないため、オーストリアは、この自由意思をもって永世中立を宣言する。オーストリアは、一切の手段を挙げて永世中立を維持し、かつ、擁護せんとする」（一条一項）、「将来にわたりこの目的を確保するため、オーストリアは、いかなる外国同盟にも加入せず、またその領土内にいかなる外国の軍事基地の設置も許さない」（一条二項）、「この連邦憲法法規を執行することは、連邦政府の責任である」（二条）とする書簡をよせた。これにたいして、外務省は、「オーストリア連邦憲法法規に定められたオーストリアの永世中立を承認する」と回答した。他の諸国との間においても、同じように、交換公文書が取り交わされている、と思われる。これらの集合によって、国際条約として成立している、といえる。

オーストリアは、スイスとは方式が違うが、永世中立国とされている。このような永世中立国が増えれば、世界の平和・不戦は、促進される。日本は、憲法において、平和主義を宣明し（前文）、戦争を放棄し、戦力を保持せず、交戦権を認めないと規定しているから（九条）、永世中立国に最もふさわしいのであるが、日本・アメリカ安全保障条約（軍事同盟）が締結されており、多くのアメリカ軍基地が設定されているので、スイス方式、オーストリア方式のいずれもとることができない。

(22)「部分的核実験停止条約」（正確には「大気圏内、宇宙空間及び水中における核兵器実験を禁止する条約」〈一九六三・八・五、モスクワ、一二五国、日本一九六四　六・一五公布〉）は、「国際連合の目的に従って厳重なる国際管理の下における全面的かつ完全な軍縮に関する合意をできる限りすみやかに達成し、その合意により、軍備競争を終止させ、かつ、核兵器を含むすべての種類の兵器の生産及び実験への誘因を除去することをその主要な目的として宣言し、核兵器のすべての実験的爆発の永久的停止を求め、その目的のために交渉を継続することを決意し、また、放射性物質による人類の環境汚染を終止させることを希望して」（前文）、「各締約国は、その管轄又は管理の下にあるいかなる場所においても、次の環境における核兵器の実験的爆発及び他の核爆発を禁止すること、防止すること及び実施しないことを約束する」（一条一項）としている。「次の環境」とは、「大気圏内、宇宙空間を含む大気圏外並びに領水及び公海を含む水中」（二項a）、「そのような爆発がその管轄又は管理の下でその爆発が行われる国の領域外において放射性残渣が存在するという結果をもたらすときは、その他の環境」（一項b前段）である。

ただし、「この点に関して、締約国がこの条約の前文で述べたように締結を達成しようとしている条約、すなわち、地下における実験的核爆発を含むすべての実験的核爆発を永久に禁止することになる条約の締結がこのbの規定により妨げられるものでないことが了解される」（一項b後段）という。まわりくどい表現であるが、地下核実験は、除外するということである。したがって、核保有国、とくにアメリカとソビエト連邦は、競って地下核実験をすすめた。軍縮大憲章は、国際連合総会が原子力兵器を禁止し、原子力を平和的目的だけに利用するように促しているが、その効果があがらず、また「核兵器使用禁止決議」（正確には「核及び熱核兵器使用禁止決議」（一九六一・一一・二四、国際連合第一六回総会決議一六五三））で、①「核兵器・熱核兵器の使用は、国際連合の精神・文言及び目的に違反し、それ自体国連憲章の直接違反である」、②「核兵器・熱核兵器の使用は、戦争の範囲を超え、人類と文明に対し、無差別の苦しみと破壊を引き起こし、それ自体国際法規と人道の法に違反するものである」、③「核兵器・熱核兵器の使用は、戦争に関与しない世界の諸国人民が、そのような兵器の使用によって引き起こされるすべての被害をこうむるが故に、単に敵のみならず、人類一般に対して向けられた戦争である」、④「核兵器・熱核兵器を使用するいかなる国も、国連憲章に違反し、人道の法に反して行動し、人類と文明に対する犯罪を犯しているとみなされる」と宣言しているが、核保有国の核軍拡を抑止し、制限することができなかった。

これにたいして、核兵器廃絶の国際世論が高まり、それを無視できなくなり、不完全なこの条約を締結せざるをえなかった、といえよう。それでも、地下核実験を除外したので、再び国際世論が高まり、アメリカとソビエト連邦は、一九七四年七月、地下核実験制限条約、つづいて、一九七六年五月、平和目的地下核実験条約を締結した。これらによって、地下核実験は、できなくなったが、批准したのは、一九九〇年一二月である。両国とも、平和・不戦については、消極的である。

(23)「ラテン・アメリカにおける核兵器の禁止に関する条約」(正確にはラテン・アメリカおよびカリブ地域における核兵器の禁止に関する条約、通称「トラテロルコ条約」〈一九六七・二・一四、メキシコシティ、三三国〉)は、広範な地帯を対象にして締結された最初の条約である。「核兵器の測り知れない破壊力が、文明及び人類自身の存続を確保するためには戦争の法的禁止を実際上厳格に遵守することを不可欠にしたこと」、『恐るべき影響を軍隊にも文民にも同様に無差別にかつ冷酷に及ぼす核兵器が、その放出する放射能の持続性により人類全体に対する攻撃となり、究極的には全地球を居住不可能にさえすることができるものであること」、「諸国がその主権の行使にあたって防止のための自主的な規制を行わない限り避けがたいと思われる核兵器の拡散が、軍備縮小に関するいかなる合意をも著しく困難にし、かつ、一大核戦争の勃発の危険を増大するものであること」、「核兵器非武装地帯の設定が、各地域の平和及び安全の維持と密接な関係があること」、「ラテン・アメリカのいずれの国における核兵器の存在も、ラテン・アメリカを核攻撃の目標とし、ラテン・アメリカ地域全体に経済的及び社会的発展に必要な限られた資源の戦争目的への不当な転用を伴う破壊的な核兵器の競争を必然的にひき起こすことになること」を確信し（前文）、「締約国は、自国の管理下にある核物質及び核施設を平和的目的のためにのみ使用すること」、ならびに「(a)締約国自身のために直接若しくは間接に、第三者のために又は他のいずれかの態様によって、核兵器を方法のいかんを問わず実験し、使用し、製造し、生産し及び取得すること」、「(b)締約国自身が若しくは締約国のために第三者が又は他のいずれかの態様によって、直接又は間接に、核兵器を受領し、貯蔵し、設置し、配置し及び形態のいかんを問わず所有すること」を「自国の領域において禁止し及び防止することをこの条約によって約束」している（一条一項）。

核兵器の禁止について積極的である。ラテン・アメリカは、さきにあげた「ラテン・アメリカ不戦条約」とともに、平和・不戦にたいして、先進的な考えをもっている、とうかがわれる。それは、アメリカという超強大国が近くに存在していることから出ているように思われる。

(24)「**核兵器の不拡散に関する条約**」(一九六八・七・一作成〈ロンドン、モスクワ、ワシントン〉、一九七〇・三・五効力発生、一九〇国、日本一九七〇・二・三署名、一九七六・六・八公布)は、その構想が一九五三年ころ、アメリカから出され、中国が一九六〇年、フランスが一九六四年に原爆実験に成功した段階で、アメリカがソビエト連邦に働きかけ、すでに原爆を保有しているイギリスを加えて、五国で核兵器を独占し、他の国には持たせないようにする交渉を重ね、締結された。中国とフランスの加盟は、遅く、一九九二年三月、八月である。「締約国である各核兵器国は、核兵器その他の核爆発装置又はその管理をいかなる者に対しても直接又は間接に移譲しないこと及び核兵器その他の核爆発装置の製造若しくはその他の方法による取得又は核兵器その他の核爆発装置の管理の取得につきいかなる非核兵器国に対しても何ら援助、奨励又は勧誘を行わないことを約束する」(一条)、「締約国である各非核兵器国は、核兵器その他の核爆発装置又はその管理をいかなる者からも直接又は間接に受領しないこと、核兵器その他の核爆発装置を製造せず又はその他の方法によって取得しないこと及び核兵器その他の核爆発装置の製造についていかなる援助を求めず又受けないことを約束する」(二条)として、核兵器国と非核兵器国を峻別している。そして、「締約国である非核兵器国は、原子力が平和的利用から核兵器その他の核爆発装置に転用されることを防止するため、この条約に基づいて負う義務の履行を確認することのみを目的として、国際原子力機構憲章及び国際原子力機関の保障措置制度に従い国際原子力機関との間で交渉しかつ締結する協定に定められる保証措置を受諾することを約束する。この条の規定によって必要とされる保障措置の手続きは、原料物質又は特殊核分裂性物質につき、それが主要な原子力施設において生産され、処理され若しくは使用されているか又は主要な原子力施設の外にあるかを問わず、遵守しなければならない。この条の規定によって必要とされる保障措置は、当該非核兵器国の領域内若しくはその管轄下で又は場合のいかんを問わずその管理の下で行われるすべての平和的な原子力活動に係るすべての原料物質につき、適用される」(三条一項)、「締約国である非核兵器国は、この条に定める必要を満たすため、国際原子力機構憲章に従い、個々に又は他の国と共同して国際原子力機関と協定を締結するものとする」(三条四項前段)とされ、非核兵器国にきびしくなっている。核施設の国際査察は、この保障措置協定にもとづいておこなわれる。保障措置は、核施設の設計情報の提出、核物質の使用に関する記録の保持、報告の提出、査察の受入れの四つからなっている。一方、「各締約国は、各軍備競争の早期の停止及び核軍備の縮小に関する効果的な措置につき、並びに厳重かつ効果的な国際管理の下における全面的かつ完全な軍備縮小に関する条約について、誠実に交渉を行うことを約束する」（六条）と義務づけているが、核兵器国は、これを履行していない。

また、「この条約の効力発生の二十五年後に、条約が無期限に効力を有するか追加の一定期間延長されるかを決定するため、会議を開催する。その決定は、締約国の過半数による決議で行う」（二〇条二項）と定めている。これにもとづいて、一九九五年五月一二日、その会議が開催され、投票なしの全会一致で、無期限に効力を有することに決定した。これは、核兵器国と非核兵器国との差別を固定化し、核兵器国の核兵器独占を強化するものである。核兵器の縮小、廃絶を期待し、平和・不戦を願う世界人民に背を向けている。本来ならば、三年ないし五年の短期間延長とし、その間に、核兵器国と非核兵器国の差別を是正し、核兵器の縮小、廃絶に向けて協議をすすめ、決着がつかなければ、同じ程度の期間延長を更新し、協議を重ねていくべきである、と考える。投票なしの全会一致は、非核兵器国もみな同調したわけで、意外であり、疑問である。せめて、投票はすべきであったのではなかろうか。

核兵器の不拡散条約は、五つの核兵器国――国際連合の常任理事国でもある――が核兵器を独占し、他の国にはいっさい認めず、平和的利用についても、保障措置までとらせている。国際関係における主権の平等に違反している。とくに、アメリカの横暴け、目に余る。アメリカは、核兵器の拡充をすすめており、インド、パキスタンが核兵器の実験までおこなっても黙認し、パキスタンには経済封鎖をしたが、アフガニスタンに対する武力攻撃で、基地が必要となると、これを解除し、イスラエルについては、まるごと援助、保護している。これらにたいして、イラクには、大量破壊兵器を持っている証拠がないのに、「先制攻撃」を加えた。核兵器の不拡散は、核兵器国がみずから積極的におこなわなければならない。

6

(25)「友好関係原則宣言」(正確には「国際連合憲章に従った諸国間の友好関係および協力についての国際法の原則に関する宣言」〈一九七〇年一〇月二四日、国際連合第二五回総会決議二六二五〉)は、「国際連合憲章において、国際の平和と安全の維持ならびに諸国間の友好関係および協力の発展が国際連合の基本的目的に含まれることを再確認し」、「自由、平等、正義および基本的人権の尊重に基づいた国際の平和の維持および強化ならびに政治的、経済的および社会的な体制またはその発展の程度にかかわりなく諸国間の友好関係を発展させることの重要性に留意し」、「憲章に従って、諸国間の友好関係および協力に関する国際法の原則を誠実に遵守することならびに国が負っている義務を誠実に履行することが、国際の平和と安全の維持および国際連合の他の目的の遂行に最大の重要性を有することを考慮し」、「すべての国が、その国際関係において、武力による威嚇または武力の行使を、いかなる国の領土保全または政治的独立に対するものも、また、国際連合の目的と両立しない他のいかなる方法によるものも慎むことが不可欠であることを考慮し」、「すべての国が、憲章に従って国際紛争を平和的に解決することも同様に不可欠であることを考慮し」、「憲章に従って、主権平等の基本的重要性を再確認し、国際連合の目的は、国が主権平等を享有し、かつ、国際関係においてこの原則の要件を完全に満たして初めて遂行されることを協調し」、「人民を外国の征服、支配および搾取の下に置くことは、国際の平和と安全の促進に重大な障害となることを確信し」、「人民の同権および自決の原則は現代の国際法への大きな貢献となること、および、その効果的適用は主権平等の原則の遵守を基礎とした諸国間の友好関係の促進に最も重要であることを確信し」（前文）、（a）「国は、その国際関係において、武力による威嚇または武力の行使を、いかなる国の領土保全または政治的独立に対するものも、また、国際連合の目的と両立しない他のいかなる方法によるものも慎まなければならないという原則」、（b）「国は、その国際紛争を平和的手段によって国際の平和と安全ならびに正義を危うくしないように解決しなければならないという原則」、（c）「憲章に従って、いかなる国の国内管轄権内にある事項にも干渉しない義務」、（d）「憲章に従って、国が相互に協力する義務」、（e）「人民の同権および自決の原則」、（f）「国の主権平等の原則」、（g）「国は、憲章に従って負っている義務を誠実に履行しなければならないという原則」の漸進的発展および法典化ならびに当該原則の国際共同体におけるいっそう効果的な適用の確保が国際連合の目的の達成を促進することを考慮して、「厳粛に宣言する」としている。

これらは、重要な原則である。これらの原則ならびにそれに示されている具体的内容を各国が遵守しているならば、平和・不戦が貫かれ、各国人民の願いである平和と安全と友好が期待できる。「友好」と名がついているものに、軍事同盟的な条約（たとえば、ソビエト連邦・ベトナム友好協力条約〈一九七八年〉があるが、この宣言の「友好」は、真実である。

(26)「**海底非核化条約**」（正確には「核兵器及び他の大量破壊兵器の海底における設置の禁止に関する条約」〈一九七一・二・一一、ワシントン、九三国、日本一九七二・六・二公布〉は、「締約国は、核兵器及び他の種類の大量破壊兵器並びにこれらの兵器を貯蔵し、実験し又は使用することを特に目的とした構築物、発射設備その他の施設を海底区域の限界の外側の海底に据え付けず又は置かないことを約束する」（一条一項）と定めている。海底区域の限界とは、「一九五八年四月二九日にジュネーヴで署名された領海及び接続水域に関する条約第二部に定める一二海里の幅の水域の限界に合致する」（二条）。海底区域の外側は、公海で、その海底であり、国際法の父といわれるグロチウスによれば、海は、自然法によって、すべての人の共有に属するから、とうぜん核兵器など設置することはできないはずである。それなのに、このような条約を締結しなければならなかったのは、核兵器などが設置される危機があったからであろう。この条約は、「海底区域内についても適用」されるが、「当該沿岸国には適用がなく、また、当該沿岸国の領海の海底については適用しない」（一条二項）としている。

しかし、「海は万人のもの」という思想にもとづくならば、海で、船に乗ったり、泳いだり、ダイバーとして潜ったり、漁業法に抵触しないで釣りをしたりするなど、国の内外を問わず、だれでも自由にできるし、また、海は、陸地とちがって、所有権が成立せず、領海を国が管理していても、その国民の信託によると解すべきで、アメリカの州憲法には、公共信託として、明文の規定を設けているものがある。このような視点に立てば、沿岸国といえども、海底区域内に核兵器などの施設を設置することはできない、といえる。

(27)「**生物毒素兵器廃棄条約**」（正確には「細菌兵器（生物兵器）及び毒素兵器の開発、生産及び貯蔵の禁止並びに廃棄に関する条約」〈一九七二・四・一〇、ロンドン・ワシントン・モスクワ、一五三国、日本一九八二・六・八公布〉）は、「あらゆる種類の大量破壊兵器の禁止及び廃棄を含む全面的かつ完全な軍備縮小への効果的な進展を図ることを決意し、効果的な措置による化学兵器及び細菌兵器（生物兵器）の開発、生産及び貯蔵の禁止並びに廃棄が厳重かつ効果的な国際管理の下における全面的かつ完全な軍備縮小の達成を容易にすることを確信し」、「一九二五年六月一七日にジュネーヴで署名された窒素性ガス、毒性ガス又はこれに類するガス及び細菌学的手段の戦争における使用の禁止に関する議定書の有する重要な意義を認識し、同議定書が戦争の恐怖の軽減に貢献しており、また、引続きその軽減に貢献することを認識し」、「全人類のため、兵器としての細菌性（生物性）及び毒素の使用の可能性を完全になくすことを決意し」（前文）、「締約国は、いかなる場合にも」、「防疫の目的、身体防護の目的その他の平和的目的による正当化ができない種類及び量の微生物剤その他の生物剤又はこのような種類及び量の毒素（原料又は製法のいかんを問わない）」と「微生物剤その他の生物剤又は毒素を敵対目的のために又は武力紛争において使用するために設計された兵器、装置又は運搬手段」を「開発せず、生産せず、貯蔵せず若しくはその他の方法によって取得せず又は保有しないことを約束する」（一条）と定めた。

サンクト・ペテルブルク宣言にはじまり、毒ガス等使用禁止に関するジュネーヴ議定書などに引継がれ、拡張され、さらにこの条約によって、確実にしようとしており、注目される。これが完全に実現されれば、その分だけ、残虐な兵器にたいする不安と恐怖から解放されるであろう。

(28)**「侵略の定義に関する決議」**（一九七四年一二月一四日、国際連合第二九回総会決議三三一四）は、「国際連合の基本目的の一つが、国際の平和と安全を維持すること、ならびに平和に対する脅威の防止と除去および侵略行為その他の平和の破壊の鎮圧とのため有効な集団的措置をとることであるとの事実に基づき」、「安全保障理事会が、国際連合憲章第三九条に従い、平和に対する脅威、平和の破壊または侵略行為の存在を決定し、ならびに国際の平和と安全を維持しまたは回復するために、勧告をし、または第四一条および第四二条に従っていかなる措置をとるかを決定することを想起し」、「侵略は、あらゆる種類の大量破壊兵器の存在により創出された状況において、世界的紛争およびその破局的結果の発生のおそれを伴う最も深刻かつ危険な形態の違法な武力行使であるので、現段階で侵略を定義すべきであることを考慮し」、「人民からその自決、自由および独立の権利を奪うため、または領土保全を破壊するために武力を行使してはならないという諸国の義務を再確認し」、「国の領域は、一時的にせよ他国による憲章違反の軍事占領その他の武力的措置の対象とされることにより侵されてはならないこと、およびこのような措置またはその威嚇の結果として他国による取得の対象とされてはならないことを再確認し」、「また「国際連合憲章に従った諸国間の友好関係および協力についてその国際法の原則に関する宣言」の諸規定を再確認し」（前文）、つぎのような規定を設けている。「侵略とは、一国による他国の主権、領土保全もしくは政治的独立に対する、または国際連合憲章と両立しないその他の方法による武力行使であって、この定義に定めるものをいう」（一条）。「国による憲章に違反する先制行使は、侵略行為の一応の証拠となる」（二条）。「次に掲げるいずれの行為も、宣戦布告の有無にかかわりなく、第二条の規定に従って、侵略行為とされる。(a)一国の兵力による他国の領域への侵入もしくは攻撃、一時的なものであってもこのような侵入もしくは攻撃の結果として生じた軍事占領または武力の行使による他国の領域の全部もしくは一部の併合、(b)一国の兵力による他国の領域に対する兵器の使用、(c)一国の兵力による他国の港または沿岸の封鎖、(d)一国の兵力による他国の陸軍、海軍もしくは空軍または船隊もしくは航空隊に対する攻撃、(e)受入国との合意に基づきその国の領域内に駐留する軍隊の合意に定められた条件に反する使用または当該合意終了後の右領域内における当該軍隊の駐留の継続、(f)他国の使用に供した領域を、当該他国が第三国に対する侵略行為を行うために使用することを許容する国の行為、(g)前記の諸行為に相当する重大性を有する武力行為を他国に対して実行する武装部隊、集団、不正規兵または傭兵の国による派遣もしくは国のための派遣またはこのような行為に対する国の実質的関与」(三条)。「1政治的、経済的、軍事的またはその他のいかなる性質の事由も侵略を正当化するものではない。2侵略戦争は、国際の平和に対する罪である。侵略は、国際責任を生じさせる。3侵略による領域の取得または特殊権益は、合法的なものではなく、また合法的なものと承認してはならない」(五条)。「この定義のいかなる規定も、とくに第三条は、憲章から導き出された自決、自由および独立の権利を強制的に奪われ、かつ「国際連合憲章に従った諸国間の友好関係および協力についての国際法の原則に関する宣言」にいう人民の自決、自由および独立の権利をいかなる意味でも害するものではない。これらの人民には、とくに植民地体制および人種差別体制その他の外国支配体制の下にある人民が含まれる。また、この定義中の規定、とくに第三条は、憲章の諸原則に従い、かつ、前記宣言に従ってそうした目的のために闘争し、ならびに支援を求めまたは受けるこれらの人民の権利を、いかなる意味でも害するものではない」(七条)。

侵略の定義については、一九三三年の「侵略の定義に関する条約」で定められており、この「侵略の定義に関する決議」は、右の条約を継承している。国際連合が設立し、その憲章で、平和・不戦を積極的にすすめているが、他方で、大量破壊兵器の開発が脅威をもたらし、侵略が跡を絶たない状況において、この決議がなされた、と考えられる。その趣旨は、前文で明らかにされている。侵略の定義は、詳細になっており、侵略の絶対禁止を明確にしており、自決権の重要性を強調しており、注目すべきである。この決議にすべての国が共鳴していくならば、平和・不戦は、実現できる。しかし、現実の状況は、そうなっていない。アメリカのイラク先制攻撃は、明らかにこの決議に違反する侵略である。イスラエルが周辺アラブ諸国を占領しつづけていることも、侵略である。日本に駐留しているアメリカ軍の沖縄県、その他の基地における行動は、三条(e)による疑いが濃い。自決権、とくに民族自決権をめぐる多くの事例があり、この権利の行使を拒否され、制限され、これに苦しんでいる民族、人民のことを忘れることはできない。

7

(29)「南太平洋非核地帯条約」(通称「ラロトンガ条約」〈一九八五・八・六、ラロトンガ、一二国〉)は、オーストラリア、ニュージーランド、ニューギニアおよび南太平洋の島嶼国が締結した条約である。「継続する核軍備競争が、すべての人々に破滅的な影響を与える核戦争の危険を示していることを深く懸念し」、「すべての国家は、核兵器、核兵器が人類に与えている恐怖及び核兵器が地球上の生命に与えている脅威を取り除くという目的を達成するために、最大限努力する義務をもつことを確認し」、「その権限内にある限り、その地域の陸地及び海洋の恵みと美しさは永遠にすべてのものによって平和のうちに享有されるため、その人民及び子孫の遺産でなければならないことを決意し」(前文)、「(a)南太平洋非核地帯の内部又は外部のいかなる場所においても、いかなる手段によっても核爆発装置を製造せず、又はその他の方法で取得、所有若しくは管理しないこと、(b)核爆発装置の製造又は取得について、いかなる援助をも求めず又は受けないこと、(c)いかなる国による核爆発装置の製造又は取得を援助し又は奨励する行動をもとらないこと」を約束し(三条)、「核爆発装置の配置の防止」(五条)、「核爆発装置の実験の防止」（六条）、「放射性物質などの投棄の防止」（七条）をすることを約束している。ラテン・アメリカにおける核兵器禁止条約と同様に、海洋を含む広範な地帯を対象とし、一二国が一致して、このような条約を設定したことは、高く評価されよう。

（30）「**化学兵器禁止条約**」（正確には「化学兵器の開発、生産、貯蔵及び使用の禁止並びに廃棄に関する条約」（一九九三・一・一三、パリ、一七六国、日本一九九七・四・二一公布））は、「一九二五年のジュネーヴ議定書並びに一九七二年四月一〇日にロンドン、モスクワ及びワシントンで署名された細菌兵器（生物兵器）及び毒素兵器の開発、生産及び貯蔵の禁止並びに廃棄に関する条約の原則及び目的並びに同議定書及び同条約に基づく義務を再確認するものであることを認識し」、「全人類のため、一九二五年のジュネーヴ議定書に基づく義務を補完するこの条約の実施によって化学兵器の使用の可能性を完全に無くすことを決意し」、「化学兵器の開発、生産、取得、貯蔵、保存、移譲及び使用の完全かつ効果的な禁止並びに廃棄が、これらの共通の目的を達成するために必要であることを確信し」（前文）、締約国は、いかなる場合にも「(a)化学兵器を開発し、生産その他の方法によって取得し、貯蔵し若しくは保有し又はいずれかの者に対して直接若しくは間接に移譲すること、(b)化学兵器を使用すること、(c)化学兵器を使用するための軍事的な準備活動を行うこと、(d)この条約によって締約国に対して禁止されている活動を行うことにつき、いずれかの者に対して、援助し、奨励し又は勧誘すること」を行わない（一条一項）、また締約国は、「この条約に従い、自国が所有し若しくは占有する化学兵器又は自国の管轄若しくは管理の下にある場所に存在する化学兵器を廃棄すること」（一条二項）、「他の締約国の領域内に遺棄したすべての化学兵器を廃棄すること」（一条四項）、「暴動鎮圧剤を戦争の方法として使用しないこと」（一条五項）という約束を定めているほか、これらに関して、詳細な規定を設けている。それらが完全に実行されることを期待する。

この条約は、一九九三年に締結されたが、一九二五年のジュネーヴ議定書、一九七二年の生物毒素兵器廃棄条約の原則、義務を再確認しているから、締結以前の化学兵器についても適用される、と解される。日本は、一五年戦争において、中国などで、化学兵器を使用し、敗戦のさい、これらを遺棄し、回収を放置してきた。その数は、中国吉林省や黒竜江省を中心に、七〇〇万発とも二〇〇万発ともいわれている（日本政府の調査による分布状況については、朝日二〇〇三・五・一夕刊、二〇〇三・九・三〇参照）。これは、明らかに本条約一条一項、三項、四項に違反している。最近、しゅんせつ作業中の船が毒ガス弾を引揚げたり、下水道工事中に発見された毒ガス缶から液体が噴出したり、道路工事中に砲弾が爆発したりして、作業員たちに死傷者が出ている。被害をうけた中国人が日本国を相手として、損害賠償請求を東京地裁に提起した件について、二〇〇三年に二つの判決が出された。一つは、五月一五日で（損害賠償請求事件、東京地裁一九九七年(ワ)二二〇二一号）、旧日本軍が敗戦時に多数の毒ガス兵器を「隠しために地中や河川に捨てており、一般人が接触すれば、爆発やその内容物の作用により生命・身体に被害をもたらすことが十分推測された。特に毒ガス兵器は当時、国際法で禁止されており、これを遺棄することは顕著な違法性を有する」とし、また戦後も毒ガス兵器を放置した日本政府の責任について、「厚生省や外務省が軍関係者から聴取して、遺棄状況を把握し、毒ガス兵器に住民が接触する危険性を予見することが可能であった」と認めながら、「主権の及ばない中国で兵器を回収することは困難」であり、「被害発生を回避できる可能性がなかった」として、請求を棄却した。「主権の及ばない中国で兵器を回収することは困難」であるというが、化学兵器禁止条約にもとづいて、遺棄した毒ガス兵器を回収、廃棄するのであるから、中国側にとっても、毒ガス兵器にたいする不安、恐怖が解消されるので、国交正常化の前後を問わず、回収、廃棄することを中国政府に申出るならば、受入れられる、と考える。原告たちは、この判決を不服であるとして、東京高裁に控訴した。

もう一つの判決は、九月二九日で（損害賠償請求事件、東京地裁一九九六年(ワ)二四二三〇号「判例時報」一八四三号九〇ページ）、原告一三人の損害賠償請求を容認し、日本国に一億九〇〇〇万円の支払を命じた。その理由は、以下のとおりである。公権力の行使について、「日本軍による毒ガス兵器や砲弾の遺棄行為は、日本軍が戦争行為に付随して組織的に行った行為であり、国の公権力の行使に当たる。その後の放置行為は、遺棄された毒ガス兵器や砲弾の処理について、被告が国家として行うべきことをしなかったという不作為を問題にするものであるから、この不作為も、国の公権力の行使に当たるということができる」。「したがって、本件で問題とされる遺棄兵器の放置行為については、国家賠償法施行後の行為として、国家賠償法一条の適用を考えることができる」。国の作為義務について、「毒ガス兵器や砲弾の遺棄は、国の公権力として実行されたものであり、これによって人の生命の身体に対する危険な状態をつくりだした。そのような先行行為がある場合、①人の生命や身体などに対する差し迫った重大な危険があり（危険の存在）、②国としてその結果の発生を具体的に予見することができ（予見可能）、③作為に出ることにより結果の発生を防止することが可能であること（結果回避可能性）が要件になるものと考えられる。被告には法的義務として危険な状態を解消するための作為義務が認められる。このような場合には、その不作為は違法なものと評価されなければならないからである」。「この場合、被告としては、その作為義務につき具体的な担当機関が定められていないことを理由に、義務を免れることはできない。この作為義務は条理を根拠とする義務であるから、そもそも法令上の担当機関の定めは想定できないものである。国としての作為義務が認められる以上は、国のいずれかの機関がその義務を履行すべきことは当然であって、個々的な担当機関の特定は要件にならない」。危険性の存在について、「遺棄された毒ガス兵器や砲弾は、それ自体、高度の殺傷能力があり、危険性の高いものである」。「住民らの生命や身体に対する差し迫った重大な危険があったということができる」。「被告としては、それまでの間に中国から引き揚げてきた旧日本軍の関係者から事情を聴取し、残された軍関係の資料を調査するなどの方法をとることにより、日本軍による中国国内への毒ガス兵器の配備状況や、終戦前後における毒ガス兵器の遺棄状況について相当程度の把握をすることができたと考えられる」。「日本軍の部隊が終戦時に駐屯していた地域では遺棄された毒ガス兵器からの流出により、また戦時に弾薬倉庫を使用していた地域では、残存している砲弾の爆発により、住民らの生命や身体に危険を及ぼす結果が発生することを予見することは可能であったということができる」。

結果回避可能性について、「被告は、わが国の主権が及ばない中国国内において、毒ガス兵器や砲弾の回収や調査のような行為はできないと主張する。確かに、日本の主権は中国国内には及ばないので、被告が中国国内で、中国政府の関与なしに、直接に毒ガス兵器や砲弾の回収などを行うことは不可能である。しかし、本件の各被害は、終戦前から終戦後にかけて、日本軍が遺棄した毒ガス兵器や砲弾により発生したものであり、被告の国自身が積極的に危険を作り出したという経緯がある。これによって被害が生じるのを防止するためには、まず、日本軍が終戦時にどこに駐屯し、どこに弾薬倉庫を有していて、毒ガス兵器や砲弾をどのように遺棄したのかという具体的な情報を取得する必要があるが、その情報を取得できる可能性が最も高いのも、被告であった。したがって、被告としては、中国国内に遺棄した毒ガス兵器や砲弾によって中国の国民が被害を受ける可能性が大きいことを念頭に置き、その被害発生の防止のために、可能な限りの措置をとることが強く期待される立場にあった。実際に、終戦時における日本軍の部隊の配置や毒ガス兵器の配備状況、弾薬倉庫の場所、毒ガス兵器や砲弾の遺棄状況、各兵器の特徴や処理方法などについて可能な限りの情報を収集したうえで、中国政府に対し、遺棄兵器に関する調査や回収の申出をすることは可能であった。あるいは、少なくとも、遺棄された毒ガス兵器や砲弾が存在する可能性が高い場所、実際に配備されていた兵器の形状や性質、その処理方法などの情報を提供し、中国政府に被害発生の防止のための措置をゆだねることは可能であった」。「中国政府が独自に調査や回収・保管作業を実施していたとしても、毒ガス兵器や砲弾の遺棄状況、各兵器の特徴や処理方法などについて、より詳細で具体的な情報が被告から提供されていれば、中国政府による調査や回収などの作業が促進され、より少ない年月で、より多くの場所で遺棄兵器が発見され、安全に処理されていた可能性がある。中国の国民も、これらの具体的な情報提供があれば、遺棄兵器への対応を慎重にした可能性がある」。「したがって、そのような可能性が認められる以上は、本件の各事故についても、結果回避の可能性はあったと考えなければならない」。不作為による違法な公権力の行使について、右のような作為義務があったのに、「被告は、一九七二年九月に日中共同声明により日本と中国の国交が回復されて、この作為義務を履行することが可能になった後においても、その義務を履行せず、本件の各事故が発生した。したがって、一九七二年九月の日中共同声明以降、それぞれの事故発生の時までの継続的な不作為は、違法な公権力の行使に当たる」。「日本は、一九九五年に批准し、一九九七年四月二九日に発効した化学兵器禁止条約により、中国の領域内に遺棄したすべての化学兵器を廃棄することが義務づけられた。この条約は、その前文によれば、日本が一九二五年に署名し、一九七〇年に批准したジュネーブ議定書に基づく義務を再確認し補完するものとして位置づけられている。そうすると、一九九七年の化学兵器禁止条約の発効以前においても、日本が中国の領域内に遺棄した化学兵器を廃棄することは、国際法的には日本に課された義務であったと理解することができる」。除斥期間の適用制限について、「国家賠償法四条により適用される民法七二四条後段の二〇年の期間は、被害者側の認識という主観的な事情のいかんを問わず、一定の時の経過によって法律関係を確定させるために、不法行為による損害賠償請求権の除斥期間を定めたものである。この二〇年の除斥期間の起算点は、条文の文言から明らかなように、不法行為の時である。したがって、本件おいては訴えの提起が一九九六年一二月九日であるから、一九七四年一〇月に事故が発生した事件について、民法七二四条後段の適用が問題となる」。「この除斥期間の適用の有無は、不法行為をめぐる法律関係を一定期間の経過によって確定させるという趣旨から考えれば、二〇年の経過という明確な基準で決すべきものではある。しかし、このような除斥期間の趣旨を前提としても、その適用によって被害者の損害賠償請求権が消滅することになる反面で、加害者は損害賠償義務を免れる結果となるのであるから、そのような結果が著しく正義、公平の理念に反し、その適用を制限することが条理にもかなうと認められる場合には、除斥期間の適用を制限することができると考えるべきである」。「本件においては、除斥期間の対象とされるのは国家賠償法上の請求権であって、その効果を受けるのは除斥期間の制度を創設した被告自身である。ところが、被告の行った行為は、国際法的に禁止されていた毒ガス兵器を中国に配備して使用していた旧日本軍が、国際的非難を避けるためポツダム宣言にも違反して、終戦前後に組織的にそれを遺棄・隠匿したという違法な行為につき、戦後になっても被害の発生を防止するための情報収集や中国への情報提供をせず、一九七二年に中国との国交が回復された後も積極的な対応をしないで遺棄された毒ガス兵器を放置していたというものである。その行為には、わずかの正当性も認めることができない」。「他方、原告ら中国の国民は、一九八六年二月に中華人民共和国公民出国入国管理法が施行されるまでは、私事で出国することは制度的に不可能であった。原告らが被告に対して権利行使をすることは、一七七四年一〇月の事故の時から法の施行までの一一年あまりの間は、客観的に不可能であったといえる。これに対し、原告らが訴えを提起したのは、事故から二〇年が経過した時点から、約二年後である。それにもかかわらず二〇年を経過したということだけで権利行使を許さないとすることは、衡平をかく（外国にいるために客観的に権利が行使できないという意味では、その期間について時効の停止を認める公訴時効の停止の考え方（刑事訴訟法二五五条一項）に合理性があり、参考になる）。これらの事情を考慮すると、本件において被告が除斥期間の適用によって損害賠償義務を免れるという利益を受けることは、著しく正義、公平の理念に反し、その適用を制限することが条理にかなうというべきである」。「したがって、除斥期間は制限するのが相当であり、原告らの損害賠償権の行使が許される」。日中共同声明による請求権放棄について、「被告は、一九七二年九月の日中共同声明が「中華人民共和国政府は、中日両国国民の友好のために、日本国に対する戦争賠償の請求を放棄することを宣言する」と規定して、日華平和条約によるのと同じ処理、すなわち、サン・フランシスコ平和条約一四条(b)に従った解決をすることとしたので、「戦争の遂行中に日本国及びその国民がとった行動から生じた中国及びその国民の請求権」は中華人民共和国によって放棄されていると主張する。しかし、本件で問題としているのは、日中共同声明以降の、それぞれの事故発生時までの継続的な不作為である。この不作為は、戦争の遂行中の行動ではないから、これによって生じた原告らの請求権は放棄されていない」。「原告らの請求権が毒ガス兵器や砲弾の遺棄行為によって生じたものと考えたとしても、その請求権が放棄されたというためには、その遺棄行為が「戦争の遂行中に」行われたものであることが用件となる。ところが、旧日本軍による毒ガス兵器や砲弾の遺棄行為は、終戦後にも行われているのであり、本件の遺棄行為が戦争の遂行中に行われたものであることについての証明はない。したがって、いずれにせよ、時期に遅れた攻撃防禦方法に当たるかどうかを問うまでもなく、被告の主張は失当である」。結論として、「本件の最初の事故が起ったのは、戦争の終結から既に二九年が経過した後である。そして、三七年後、五〇年後に第二、第三の事故が起った。戦後これだけの年月が過ぎ、国交も回復されて、平和な市民生活を送る中で、突然に災難が降りかかったのが本件である。その被害者である原告らが、被告に対し、なにゆえに賠償を請求することができないのか、裁判所は、以上のとおり、その合理的な理由を見いだすことができなかった」と明示し、原告らの損害賠償請求権を容認している。

この判決は、形式、概念にとらわれず、大局的見地に立って、判断し、原告である中国人の損害賠償請求を容認している。日本軍が中国に遺棄した毒ガス兵器、砲弾を被告である日本国が回収、廃棄する作為義務を負っているのに、これを履行しないのは違法な公権力の行使に当たると批判し、五月一五日の判決が結果回避可能性がなかったとした点を論理的に明確に克服し、正義、公平な理念にもとづいて、除斥期間の適用を制限し、日中共同声明による請求権放棄にたいして、声明以降、事故発生までの継続的な不作為であるから、請求権は放棄されていない、と判断している。日本軍が「国際法的に禁止された毒ガス兵器を中国に配備して使用していた」といい、一九二五年のジュネーヴ議定書、一九七二年の生物毒素禁止条約、今次の化学兵器禁止条約などにも言及している。暖かみのある画期的な判決であり、高く評価される。これにたいして、日本政府は、「遺棄された兵器は化学兵器禁止条約にのっとって誠意をもって処理する必要があり、その点はきちんとやりたい」（外相）、「厳しい判決と受け止めている。我が国と中国との間では、戦前のことは法的に解決済となっている。どう考えるのか対応を協議している最中だ」（官房長官）といっているが（朝日二〇〇三・九・三〇夕刊）、一〇月三日、東京高裁に控訴した（朝日一〇・四）。後世に残る名判決だけに、また毒ガス兵器によって被害をうけている中国人たちのことを考えると、遺憾である。

(31)「東南アジア非核兵器地帯条約」（一九九五・一二・一五、バンコク、一〇国）は、「核兵器の全面的かつ完全な軍縮に向けての進展及び、国際の平和と安全の促進に貢献する具体的な行動をとることを決意し」、「各種のコミュニケ、宣言その他の法文書で表明された平和共存、相互理解及び相互協力の精神に則り、この地域に平和と安全を維持したいとの東南アジア諸国の希望を再確認し」、さらに、「一九七一年一一月二七日にクアラルンプールで署名された平和・自由・中立地帯（ZOPFAN）宣言及び、一九九三年七月にシンガポールで開かれた

第二六回東南アジア諸国連合（ASEAN）外相会議で採択されたZOPFANに関する行動計画を想起し」、「この地域で、放射性廃棄物その他の放射性物質による環境汚染と危険から守ることを決意して」（前文）、締結された。「東南アジア非核兵器地帯（以下地帯という）は、東南アジアのすべての国、すなわち、ブルネイ・ダルサラーム、カンボジア、インドネシア、ラオス、マレーシア、ミャンマー、フィリピン、シンガポール、タイ及びベトナムの領域、並びに、これら諸国の大陸棚及び排他的経済水域（EEZ）からなる地域をいう」（一条a）。締約国は、「地域の内外を問わず、いかなる場所においても」、「(a)核兵器を開発し、製造し若しくはその他の方法で取得し、保有し、又は、核兵器に対する管理を取得すること、(b)何らかの手段によって核兵器を配置し又は輸送すること、(c)核の実験を行ない又は使用すること」をしない（三条一項）、「その領域において、他のいかなる国であれ」、「(a)核兵器を開発し、製造し若しくはその他の方法で取得し、保有し、又は、核兵器に対する管理を取得すること、(b)核兵器を配置すること、(c)核兵器の実験を行い又は使用すること」を「許可しない」（三条二項）、また「(a)地帯内のいかなる場所であれ、放射性物質若しくは放射性廃棄物を海洋に投棄し又は大気中に放出すること」、(b)放射性廃棄物その他の放射性物質の処分を、IAEAの基準及び手続に従い、自国領域内の陸地又は、そのような処分に同意を与えた他国の領域内の陸地において行う場合を除き、「放射性物質若しくは放射性廃棄物を、他国の領域内又は他国の管轄の下にある陸地において処分すること」、(c)「その領域内において、他国が放射性物質若しくは放射性廃棄物を、海洋に投棄し又は大気中に放出するのを許可すること」をしない（三条三項）、それから三条一項ないし三項に違反する「(a)行為を実行するに当って支援を求め又は受けること」、「(b)行為の実行を支援し又は奨励する行動をとること」をしない（三条四項）、と約束している。

(32)「アフリカ非核兵器地帯条約」（通称「ペリンダバ条約」一九九六・四・一一、カイロ、効力未発行）は、「国際連合の主催の下で結ばれる国際協定により、核兵器を製造せずまた核兵器の管理を取得しないことを約束する用意があることを厳粛に宣言した、一九六四年七月一日から二一日にカイロにおいて開催されたアフリカ統一機構（以下ＯＡＵという）の元首首長会議の第一回通常会議において採択されたアフリカの非核化に関する宣言（AHG/Res. 11(I)を指針とし」、「また国際状況の進展が、カイロ宣言並びに安全保障、軍縮及び発展に関する一九八六年ＯＡＵ宣言の関連諸規定の実施に資することを確認した、一九九一年五月二七日から六月一日にアプジャで、及び一九九二年六月二二日から二八日にダカールで、それぞれに開催されたＯＡＵ閣僚理事会の第五四回及び第五六回通常会議の決議（CM/Res. 1342(LIV) 及びCM/Res. 1395(LIV)）を指針とし」、「非核兵器地帯が、核兵器の水平的及び垂直的拡散を防止する最も有効な手段のひとつであると考える一九七五年一二月一一日の国際連合総会三四七二Ｂ

(XXX)を想起し」、「地域的軍縮措置が世界的な軍縮努力に貢献することを認識し」、「アフリカの非核兵器地帯が、アフリカ諸国領域に対する核攻撃からアフリカ諸国を守るであろうことを信じ」、「既存の非核兵器地帯の満足の意をもって留意し、また、他の、特に中東における非核兵器地帯の設定がアフリカ非核兵器地帯締約国の安全を強化するであろうことを認識」(前文)して、締結された。「アフリカ非核地帯とは、アフリカ大陸、OAU加盟島嶼国及びアフリカ統一機構の決議によりアフリカの一部とみなされるすべての島の領域をいう」(一条a)。

内容は、他の非核兵器地帯条約と類似している。核爆発装置の放棄(三条)、核爆発装置の配置の防止(四条)、核爆発装置の実験の禁止(五条)、放射性廃棄物の投棄の禁止(七条)、その他が定められている。他の非核兵器地帯と同様に重要である。

(33)「**対人地雷禁止条約**」(正確には「対人地雷の使用、貯蔵、生産及び移譲の禁止並びに廃棄に関する条約」〈一九九七年九月一八日、オスロ、一四八国、日本一九九八年一〇月二八日公布〉)は、「毎週数百人の人々、主として罪のないかつ無防備な文民、特に児童を殺し又はその身体に障害を与え、経済の発展及び再建を妨げ、難民及び国内の避難民の帰還を阻止しその他の深刻な結果をその敷設後長年にわたってもたらす対人地雷によって引き起こされる苦痛及び犠牲を禁止させることを決意し」、「世界各地に敷設された対人地雷を除去するという目標に取り組み及びこれらの対人地雷の廃棄を確保することに効果的なかつ調整の図られた方法で貢献するために全力を尽くすことが必要であると確信し」、「武力紛争の当事者が戦闘の方法及び手段を選ぶ権利は無制限ではないという国際人道法の原則、武力紛争においてその性質上過度の傷害又は無用の苦痛を与える兵器、投射物及び物質並びに戦闘の方法を用いることは禁止されているという原則並びに文民と戦闘員とは区別されなければならないという原則に立脚して、次のとおり協定した」(前文)。「締約国は、いかなる場合にも、次のことを行わないことを約束する。(a)対人地雷を使用すること。(b)対人地雷を開発し、生産し、生産その他の方法によって取得し、貯蔵し若しくは保有し又はいずれかの者に対して直接若しくは間接に移譲すること。(c)この条約によって締約国に対して禁止させている活動を行うことにつき、いずれかの者に対して、援助し、奨励し又は勧誘すること」(一条一項)。「締約国は、この条約に従ってすべての対人地雷を廃棄し又はその廃棄を確保すること約束する」(一条二項)。「締約国は、自国の管轄又は管理の下にある地雷敷設地域におけるすべての対人地雷につき、この条約が自国について効力を生じた後できる限り速やかに、遅くとも十年以内に、廃棄し又はその廃棄を確保することを約束する」(五条一項)。「締約国は、自国の管轄又は管理の下にあり、かつ、対人地雷が敷設されていることが知られ又は疑われているすべての地域を特定するためにあらゆる努力を払うものとし、自国の管轄又は管理の下にある地雷敷設地域におけるすべての対人地雷が廃棄されるまでの間文民を効果的に排除することを確保するためこれらの地域の外縁を明示し並びにこれらの地域を監視し及び囲いその他の方法によって保護することをできる限り速やかに確保する。その外縁の表示は、少なくとも、過度に傷害を与え又は無差別に効果を及ぼすことがあると認められる通常兵器の使用の禁止又は制限に関する条約に附属する一九九六年五月三日に改正された地雷、ブービートラップ及び他の類似の装置の使用の禁止又は制限に関する議定書に定める基準に従ったものとする」(五条二項)。「締約国は、この条約に基づく義務を履行するに当たり、実現可能な場合には、可能な限りにおいて他の締約国の援助を求め及び受ける権利を有する」(六条一項)。対人地雷は、その被害が深刻であり、廃棄もむずかしいので、人道的見地に立って、締約国だけでなく、国際的に解決する道を早急に検討しなければならない。

(34)「**全般的完全軍縮**」(国際連合第五四回総会決議、一九九九・一二・一採択)は、つぎのような内容である。「総会は、核兵器の存在が人類の生存にたいする脅威であ」り、その「唯一の完全な防衛策は、核兵器の廃絶ならびに核兵器が二度と生産されないという保証であると確信し」、「圧倒的多数の国が核兵器もしくはその他の核爆発装置を受け取らず、生産せず、あるいはその他の方法で取得しないという法的拘束力のある約束をおこなっていることに留意し」、「核兵器の完全な廃絶は、まず最初に、核兵器をもっとも多く保有している核兵器保有国によって措置がとられる必要があることを認識し、それらの国につづいて、近い将来に、より少ない量の核兵器をもつ核兵器保有国が一体をなす過程に加わらなければならないこと」、また、「現存する非核兵器地帯条約とそれらの条約の関連する議定書に早期に署名、批准することの重要性を強調し」(前文)、これらを基盤として、「核兵器保有国に対し、自国の核兵器を早急にかつ完全に廃棄することを明確に約束し、交渉の過程を遅滞なく加速させ、それによって核兵器拡散防止条約第六条にもとづいて核兵器保有国が約束している核軍縮を達成するよう」(一項)、「核兵器を保有する五ヵ国が核兵器の完全な廃絶に導く過程に一体となって合流するための必要な措置をとるよう」(三項)、「核兵器能力をもち、しかも核兵器拡散防止条約にまだ加盟していない三ヵ国にたいし、核兵器の開発や配備の追求をすべて明確かつ緊急に逆転させ、地域的、国際的な平和と安全、ならびに、核軍縮と核兵器拡散防止に向けた国際共同体の努力を損なわせるいかなる行動も慎むよう」(六項)、それぞれ「要求する」、「核軍縮と核拡散防止に関する国際会議が、他の分野においてとられている努力を効果的に補完するならば、核兵器のない世界を目指す新しい課題の強化を促進させることができると考える」(一四項)、「核兵器拡散防止条約の核兵器非保有締約国を核兵器の使用もしくは使用の威嚇から効果的に守るための国際的に法的拘束力をもつ文書を締結するようよびかける」(一八項)、「中東や南アジアのような、とくに緊張した地域において、自主的に達成される取り決めにもとづいて非核兵器地帯を追求し、拡大し、設立することは、核兵器のない世界の目標への重要な貢献であることを強調する」(一九項)、「核兵器のない世界は、究極的には、普遍的で、多国間の交渉にもとづいた法的拘束力をもつ文書、もしくは、相互に補強し合う一組の文書を含む枠組みによって支えられる必要があることを確認する」(二〇項)など、二二項を定めている。

核兵器を完全に廃絶し、核兵器のない世界を目指していることがうかがわれ、全面的に支持できる。核兵器の完全な廃絶は、まず最初に、核兵器を最も多く保有している国が措置することが必要であり、つづいて、より少ない量の核兵器を保有している国が加わることを強調している。これらが推進されれば、核兵器開発の能力をもつ国も、これに着手することを止めるであろうし、その他の国も、核兵器を望まなくなるであろう。このことは、核兵器不拡散の最も有効な方法であるだけでなく、核兵器のない世界の実現に道を開き、平和・不戦を願う世界の人民に応えることになる、といえる。しかし、現実は、逆立ちしており、核兵器を最も多く保有している国がますますその拡大を進めており、大気圏内、大気圏外空間、海中での核爆発実験が禁止されると、地下でおこない、それが駄目になると、未臨界実験に走り、さらに使い易い小型核兵器の開発をしようとしている。これらは、国際連合憲章をはじめ、これを補完する諸条約に違反し、度重なる国際連合総会決議を無視するものである。第二次世界を引起こしたナチズム・ファシズム・軍国主義が国際聯盟を崩壊させたが、今また、覇権主義・新帝国主義といったらよいか、それが国際連合に危機をもたらしているように思われる。これを憂える。

(35)「中央アジア非核兵器地帯条約」(二〇〇六・九・八、セミパラチンスク、五国)は、カザフスタン、キルギスタン、タジキスタン、トルクメニスタン、ウズベキスタンの五ヵ国が締結した条約である(一条a)。核兵器を排除し、厳格な効果のある国際的な管理のもとに全般的、完全な軍縮をする到達点として、核兵器を全世界的に減少させる継続した組織的な一貫性のある努力をする必要があることを強調し、すべての国がその目的に寄与するように義務づけられていることを確信し、中央アジア非核兵器地帯条約は、核兵器不拡散体制を強めること、原子力の平和的利用について協力をすすめること、放射能の汚染によって影響された地域の環境回復について協力をすすめること、地域的、国際的平和と安全を高めることのために重要な歩みを果たしているのを確信し(前文)、各締約国は、核兵器または他の核爆発装置を研究し、開発し、製造し、貯蔵し、その他の方法によって保有し、管理しないこと(一条一項a)、核兵器または他の核爆発装置の研究、開発、製造、貯蔵、取得、保有、管理について、支援を求め、または受けないこと(一条一項b)、核兵器または他の核爆発装置の研究、開発、製造、貯蔵、取得、保有、管理について、支援し、または奨励する行為をしないこと(一条一項c)を約束する。各締約国は、他国の放射能廃棄物の地域で処分することを許さない、と約束する(一条二項)。この条約の目的、目標に不利益を与えなければ、各締約国は、その主権の行使にあたって、外国船によって港に寄港し、外国機によって空港に着陸することを含め、空中、陸上、水上によって、領域を通過することは、自由である（四条）。締約国は包括的核実験禁止条約にしたがって、(a)核兵器および他の核爆発装置の実験のために運搬しないこと、(b)その司法権、管理権のいかなる場所においても、核爆発を禁止すること、防止すること、(c)核兵器および他の核爆発装置の運搬に参与する原因となったり、奨励したりすることを慎しむこと、を保証する（五条）。このほか、環境の安全（六条）、平和的目的のための原子力の利用（七条）、国際原子力機関の保障（八条）、他の協定（一二条）との関係などの規定が設けられている。

この中央アジア非核兵器条約と共に、これに付属する議定書（Protocol）が中央アジア五ヵ国と核保有国の間に締結されている。非核兵器は、完全に世界の到達点に至るあらゆる歩みをすすめる必要があること、すべての国がその目的に寄与するのを義務づけられていることを確信し、それゆえ、中央アジア非核兵器地帯の設立を支持する努力をし、つぎのことに一致した（前文）とし、この議定書の各締約国は、条約締約国にたいし、核兵器または核爆発装置を使用し、または使用する脅しをしないことを約束する（一条）、条約または議定書に違反するいかなる行為もしないことを約束する（二条）などと規定している。

中央アジア五ヵ国は、その領域境の約四分の三が核保有国であるロシア、中国に囲まれているだけでなく、アメリカのその戦略にとって必要な地域としており、核保有国、とくにアメリカの要求、干渉、妨害があり、条約の設定は、難航した。冷戦期におけるソビエト連邦による核実験で、環境汚染の被害を受けたことから、非核兵器地帯の必要性を痛感し、条約の設定に踏み切った。このような厳しい状況において、一九九七年から努力を重ね（条約前文一項参照）、国際連合にも支援を求め、そのアジア太平洋軍縮センターが一九九八年から五〇回におよぶ非公式会合をつづけ（朝日二〇〇五・二・二〇）、五ヵ国間にも意見の相違があったが、これらを克服し、ようやく設定を達成した。その領域も小さいが、右のような厳しい状況においての設立であり、それであるからこそ、存在価値がある、といってよい。さらに、議定書において、核保有国にたいし、核兵器または核爆発装置を使用し、または使用する脅しをしないことを約束させており、この点も、平和・不戦にとって、きわめて重要である、といわなければならない。中央アジア五ヵ国の安定に資することが期待できる。

これで非核兵器地帯条約は、五つになる。南太平洋非核地帯条約は、南半球、ラテン・アメリカ核兵器禁止条約、東南アジア非核兵器地帯条約、アメリカ非核兵器地帯条約は、南北半球にまたがっており、中央アジア非核兵器地帯条約は、北半球である。この点にも意義がある。これらに加えて、モンゴルは、ロシアと中国に完全に挟まれており、他国と連携ができない状況において、単独で非核兵器地帯を宣言し、これが国際連合第五三回総会決議によって、「モンゴル国の国際的安全保障と非核地位」として採択された（一九九八・一二）。そして、すでに南極条約（一九五九・一二・一、ワシントン、四五国、日本一九六一・六・一四公布）の「南極地域におけるすべての核の爆発及び放射性廃棄物の同地域における処分は、禁止する」（五条一項）がある。非核兵器地帯条約は、漸次増加しており、全部合わせると広大な範囲となり、とくに南半球は、ほとんどすべての陸地と大半の海洋が含まれている。これらの非核兵器地帯を図示すれば、左図のとおりである。

さらに、北東アジア、中東ヨーロッパ、中東、南アジアに非核兵器地帯設定の動きがある、と指摘されている[9]。北東アジア、南アジアは、困難であろうが、その他は、期待できよう。中東は、容易でないかもしれないが、アフリカ非核兵器地帯条約は、前述のように、「中東における非核兵器地帯の設定がアフリカ非核

世界の非核兵器地帯図

〔注〕
1　太線内が非核兵器地帯
2　非核兵器地帯と対抗関係になっている核兵器保有国名を示している。

兵器地帯締約国の安全を強化するであろうことを認識し」（前文）ている。北ヨーロッパも、可能性があろう。

また、非核憲法を持つ、パラオ共和国、ミクロネシア連邦共和国[10]、アメリカのビキニ環礁水爆実験によって大きな被害をうけたマーシャル諸島共和国は、南太平洋非核地帯条約に加盟してよかったのではないかと思われるし、三国で、独自に非核地帯条約を締結することも考えられるであろう。このように、非核兵器地帯を拡大し、その広さの大きさを力として、核兵器保有国を取囲み、圧倒していけば、核兵器の廃絶に追込むことができるかもしれないし、平和・不戦という世界人民の思想を具現する期待がもてるように思われる。

しかし、核兵器保有国は、平和・不戦に願う人民、非核兵器地帯の設定を積極的にすすめている国々に背を向けて、核兵器を廃絶しようとする気配を見せない。とくにアメリカは未臨界核実験を繰り返している。一九七九年以来二〇回、ブッシュ政権発足後、加速し、七回を数える（朝日二〇〇三・九・二〇夕刊）。さらに増えて、二三回、一〇回となった（朝日二〇〇六・八・三一夕刊）。包括的核実験禁止条約（一九九六・九・二四、ニューヨーク、未発効、日本一九九六・一二・二四署名、一九九七・七・四内閣批准決定）は、「締約国は、核兵器の実験的爆発又は他の核爆発を実施せず並びに自国の管轄又は管理の下にあるいかなる場所においても核兵器の実験的爆発及び他の核爆発を禁止し及び防止することを約束する」（一条一項）と規定しており、その文字づらだけを見ると、爆発させなければ、違反しないというかもしれないが、条約締結の交渉過程で議論されており、「核兵器の拡散の防止、核軍備の縮小の過程の進展並びに国際の平和及び安全の強化に効果的に貢献するという条約の趣旨」（前文）にもとる、といわなければならない。また、ブッシュ政権は、「先制攻撃」政策とともに、核兵器使用政策をすすめており、そのために、敵対国に本当の脅威を与える「使える核兵器」として、小型核の開発に着手しようとしている。その予算がついている（朝日二〇〇三・一一・七）。アメリカは、平和・不戦にとって、脅威的な国である。[11]

注

（1）社会科学辞典編集委員会編『社会科学総合辞典』（一九九二年、新日本出版社）第一次世界大戦の項。

（2）宇都宮芳明訳（一九八五年、岩波文庫）による。

（3）「ベルリン月報」一七九六年一二月号。遠山義孝訳、『カント全集』第一三巻、『批判期論集』（二〇〇二年、岩波書店）所収。

（4）浅見省吾編訳『ヒトはなぜ戦争をするのか?――アインシュタインとフロイトの往復書簡』（二〇〇二年、花風社）のなかで国際聯盟に言及している。アインシュタインは、ナチズムが台頭した時期（一九三三年一月、政権掌握）に、「国際連盟（パリの知的協力国際委員会）から提案があり、誰でも好きな方を選び、今の文明でもっとも大切な問いと思える事柄について意見を交換できることになり」、フロイトを選び、「人間を戦争というくびきから解き放つことはできるか?」をテーマとして、一九三二年七月三〇日に書簡を差し出した（一一ページ）。「ナショナリズムに縁がない私のような人間から見れば、戦争の問題を解決する外的な枠組みを整えるのは易しいように思えてしまいます。すべての国家が一致協力して、一つの機関を創りあげればよいのです。この機関についての立法と司法の権限を与え、国際的な紛争が生じたときには、この機関に解決を委ねるのです。個々の国に対しては、この機関の定めた法を守るように義務づけるのです。もし国と国の間に紛争が起きたときには、どんな争いであっても、必ずこの機関に解決を任せ、その決定に全面的にしたがうようにするのです。そして、この決定を実行に移すのに必要な措置を講ずるようにするのです」。「けれども現状では、このような国際的な機関を設立するのは困難です。判決に絶対的な権威があり、自らの決定を力尽くで通せる国際的な機関、その実現はまだおぼつきません」。「そうだとしても、ここで一つのことが確認できます」。「国際的な平和を実現しようとすれば、各国が主権の一部を完全に放棄し、自らの活動に一定の枠をはめなければならない」。「他の方法では、国際的な平和を望めないのではないでしょうか」（一三〜一五ページ）。これにたいして、フロイトは、一九三二年九月、つぎのように応答している。「戦争を確実に防ごうと思えば、皆が一致協力して強大な中央集権的な権力を作り上げ、何か利害の対立が起きたときにはこの権力に裁定を委ねるべきなのです。それしか道がないのです」。「しかしこの道を進むには、二つの条件が満たされていなければなりません。現実にそのような機関が創設されること、これが一つ。自らの裁定を押し通すのに必要な力を持つこと、これが二つ目です」。「今、多くの人は国際連盟こそ、そのような中央集権的な機関だと考えています。もしそうだとしても、もう一つの条件のほうは満たされているのでしょうか？　満たされていません。独自の権力、自分の意思を押し通す力を国際連盟は持っていないのです。否、国際連盟がそうした力を持てるのは一つの場合に限られるのです。個々の国々が自分たちの持つ権威や権力を国際連盟に譲り渡すとき、そのときなのです。とはいえ、目下のところ、個々の国々が自分たちの主権を譲り渡す見込みはほとんどありません」。「ですから、ともすれば国際連盟の存在意義に疑念を抱いてしまうことになります。何のために国際連盟が存在するのか、よくわからなくなってしまうのです。しかし、国際連盟がどのような実験なのか、よく知らなければなりません。この実験は人類の歴史上きわめて希なものです。というより、これほどの大がかりな規模で試みられたことは、人類史上かつてなかった実験なのです。権威、「人に一定の事柄を強いることができるような影響力」——通常は権力を手にすることで得られる力——、それをある種の理想に訴えることで手に入れようとしているのです！」（三八〜三九ページ）。二人とも、国際聯盟の存在意義を認めているが、常設国際司法裁判所、当事国の合意によって定め、もしくは当事国間に現存する条約の規定の定める裁判所が設けられていても（規約一三条三項参照）、権力が伴っていないので、戦争を防止し、平和を実現することができないという批判を認めているように思われる。アインシュタインは、「私は平和主義者である。だが、ただの平和主義者ではない。戦闘的平和主義者である。自分が納得できないことのために戦争に赴いて死ぬより、自分の信ずることにしたがって死ぬ方がよい」（七ページ）といっている。フロイトは、戦争を否定していない。「モンゴル人やトルコ人の侵略戦争は災いしかもたらしていません」。「ですが、「暴力による支配」から「法による支配」への転換を促した戦争もあります」、「ローマ人の行った征服のことを考えてみて下さい。地中海の国々に見事なローマの平和」をもたらしたではないですか。フランスの国王たちの征服欲を思い出してください。フランスを平和的に統一し、フランスという国を栄えさせたではないですか」（三六ページ）と述べている。しかし、両者の戦争は、程度の差にすぎない、と思われる。この点について、フロイトを支持できない。なお、二人とも、ユダヤ系であるため、ナチズムの危険を感じ、アインシュタインは、一九三三年、アメリカに、フロイトは、一九三八年、イギリスに亡命した。

（5）一九三三年執筆。フォーリン・アフェアーズ編・監訳『フォーリン・アフェアーズ傑作選一九二二～一九九九、アメリカとアジアの出会い』上（二〇〇一年、朝日新聞社）。

（6）領土不拡大の原則に関し、アメリカは、戦勝国として、他国の領土を自国に編入してはいないが、事実上、支配下においているところはあり、また、ヤルタ協定（一九四五・二・一、ヤルタ、ソビエト・アメリカ・イギリス）によって、日本固有の領土である「千島列島は、ソビエト連邦に引渡す」（三項）とし、連合国と「日本との平和条約」（一九五二・四・二八効力発生）において、戦争で、あるいは植民地として取得した領土とともに、「すべての権利、権限及び請求権を放棄する」（二条（c））とさせ、ソビエトの占領を認めている。これらは、この原則に抵触している、といわなければならない。ソビエトは、革命の直後、「ソビエト政府、平和についての布告」（一九一七・一〇・二六、第二回全ロシア・ソビエト大会で採択）を出し、「交戦中のすべての国民とその政府に公正な民主的講和についての交渉を、ただちに開始するよう提案」し、「このような講和は、無合併（すなわち他国の土地を略奪することなく、他国の民族を暴力的に合併することのない）、無賠償の即時講和である」とし、また、大西洋憲章を支持し、連合国共同宣言に参加しているので、領土不拡大原則に従うものと思われたが、実際には、これを全く無視し、領土の拡大に次ぐ拡大をすすめた。平和・友好関係の維持と領土の保全・不可侵などを定めた日ソ中立条約（一九四一・四・一三）を無視し、一九四五年八月、千島列島だけでなく、歯舞諸島・色丹島まで侵略し、なんらの根拠もなく、不法占領をつづけている。日本ロシア通好条約（一八五五・二・七）、樺太千島交換条約（一八七五・五・七）によって、千島列島（国後島から占守島まで）は、日本固有の領土となっている。歯舞諸島、色丹島は、北海道の一部であり、利尻島、奥尻島などと同じに位置づけられている。これらは、戦争によって獲得した領土、植民地、国際聯盟の委任統治とは全く異なっている。したがって、千島列島にたいする権利、権原および請求権を放棄するという日本国との平和条約の規定（二条（c））は、領土不拡大原則に照らして、誤っている。これらについてのアメリカ国務省の意見（一九五六・九・七）は、つぎのとおりである。「領土問題に関しては、米国はいわゆるヤルタ協定なるものは、単にその当時の首脳者が共通の目標を陳述した文書に過ぎないものと認め、その当事国によるなんらの最終的決定をなすものでなく、また領土移転のいかなる法律的効果を持つものでないと認めるものである」、「サン・フランシスコ平和条約――この条約はソ連邦が署名を拒否したから同国に対してはなんらの権利を付与するものではないが――は、日本によって放棄された領土の主権帰属を決定しておらず、この問題は、サン・フランシスコ会議で米国代表が述べたとおり、同条約とは別個の国際的解決手段に付せられるべきものとして残されている」、「いずれにしても日本は、同条約で放棄した領土に対する主権を他に引き渡す権利をもっていないのである」、

「このような性質のいかなる行為がなされたとしても、それは、米国の見解によれば、サン・フランシスコ条約の署名国を拘束しうるものではなく、また同条約署名国は、かかる行為に対してはおそらく同条約によって与えられた一切の権利を留保するものと推測される」、「米国は、歴史上の事実を注意深く検討した結果、エトロフ、クナシリ両島は（北海道の一部たるハボマイ諸島およびシコタン島とともに）常に固有の日本領土の一部をなしてきたものであり、かつ、正当に日本国の主権下にあるものとして認められなければならないものであるとの結論に到達した」。弁解がましい内容であり、国後島、択捉島以外の千島列島には触れていない。平和条約の締結について、積極的、指導的にすすめたのは、アメリカであり、そのアメリカが千島列島を放棄させる条項を設けたのである。これは、アメリカとイギリスが宣言した領土不拡大の原則を含む大西洋憲章に抵触している。ソビエトは、この条約に加わっていないから、なんらの権利も付与されないが、不法占領をつづけているところに、このような条項が設けられたことは、ソビエトに都合のよい状況をもたらしたのではなかろうか。日本は、敗戦国ではあるが、このような平和条約の欠陥を是正させる主張をしなければならないと考えられるが、それをしないで、放棄したのは、国後島、択捉島以外の千島列島であり、国後島、択捉島および歯舞諸島、色丹島を合わせて、「北方領土」という論理を構成している。ソビエトに対しては、この「北方領土」の主張もできないでいる。「日本国とソビエト社会主義共和国連邦との共同宣言」（一九五六・一〇・一九）においては、「ソビエト社会主義共和国連邦は、日本国の要望にこたえ、かつ日本国の利益を考慮して、歯舞諸島及び色丹島を日本に引き渡すことに同意する。ただし、これらの諸島は、日本国とソビエト社会主義共和国連邦との間の平和条約が締結された後に現実に引き渡されるものとする」（九項二）にとどまっている。この「宣言」で、国交は、回復した。日本アメリカ安保条約（一九六〇年）が締結されると、グロムイコ外相は、この条約非難の覚書の中で、「日本から外国軍隊が撤退しない限り、歯舞、色丹の返還に応じない」と新しい条件を持ち出してきた。田中角栄首相（当時）は、ソビエトを訪問し、ブレジネフ書記長と平和条約交渉をした（一九七三年）。首相は、四回にわたって、「北方領土」の解決を迫った。共同声明では、「第二次大戦の時からの未解決の諸問題を解決して、平和条約を締結することが両国の真の善隣諸関係の確立に寄与することを認め、平和条約交渉を継続する」にとどまった。首相は、書記長に、この「諸問題」の中には「領土問題が含まれると了解していいか」、と念を押し、それにたいし書記長は、「その通りである」と回答した、と日本側の非公式議事録は確認している（高山智『日ソ関係――領土外交と経済協力』（一九七八年、教育社、四二ページ）。これでも、もっとも強く主張したのは、田中首相である。領土問題が解決しなければ、経済協力もしないといった、と伝えられている。その後は、後退につぐ後退である。ソビエト連邦がロシア共和国となっても、同じである。固有の領土を放棄してまで平和条約の締結を急ぐ必要はない。国交は、回復しており、往来も、自由にできるし、貿易も、おこなわれている。ただ千島列島、歯舞諸島、色丹島に住んでいた人、その子孫の望郷の念は、強いであろう。胸が痛む。このような結果をもたらしたのは、無謀な一五年戦争に突入した軍国主義の責任である。戦争がなければ、豊かな漁業資源、森林資源のなかで、平和な生活がつづけられているはずである。

ヨーロッパにおいては、隣接するすべての国の領土を奪取した。一九三九年のドイツ・ソビエト秘密追加議定書にもとづいて、バルト三国に進駐し、議会に軍隊を導入して、一九四〇年九月、ソビエト連邦に加盟する決議を強行させた。一九三九年九月一日、ドイツがポーランドに侵入すると、これに合わせて侵入し、ポーランドの領土をほぼカーゾン線（一九一九・一二、連合国最高会議決定）で分割し、両国が戦争をはじめ、ドイツが先にポーランド全土を占領し、ソビエトを攻切ることができなくなると、反転し、攻撃に出て、ポーランド全土を占領し、ヤルタ協定、ソビエト・ポーランド国境条約（一九四五・八・一六）によって、カーゾン線をソビエト・ポーランド境界線とするとともに、ポーランドをオーデル・ナイセ線まで押し込み、これをポーランド・ドイツ境界線と定めた。この結果、ポーランドの領土は、四分の三に削減され、ドイツも、ポーランドとの旧境界線とオーデル・ナイセ線の間の領土と東プロイセンを失った。ソビエトだけが領土を拡大した。ルーマニアとベッサラビアの領有をめぐって、争いがつづいたが、一九四〇年九月、ルーマニアに最後通牒を送り、ベッサラビアと北ブコビナを占領した。ドイツ・ソビエト戦争がはじまると、ルーマニアがドイツと協力して、一時、奪回したが、一九四四年、再び占領し、領土に編入した。パリ講和条約（一九四七・二・一〇、パリ、枢軸国五、連合国二一）によって、承認された。ソビエト・フィンランド戦争（第一次、第二次）によって、カレリア地方、ベッツァモ地方を割譲させ、パリ講和条約で承認された。チェコスロバキア領であったカルパチア・ルテニアは、一九三九年九月、ハンガリーに割譲されたが、その後、ソビエトがこれを領有した。このように、領土不拡大の原則は、まったく守られていない。パリ講和条約でさえ、戦勝国の領土拡大を承認している。これらの領有関係の地図は、Muir's Historical Atlas（1964,George Philip and Son Limited, London）pp87~89参照。ポーランドについては、朝日新聞二〇〇三年一一月九日四ページの地図がわかり易い。フランクフルト・アム・オーデル駅をポーランドに向かって発車すると、間もなくオーデル川を渡るが、立ち上がって眺めていると、領土不拡大の原則に反して定められた境界線であるこの川からポーランド、ドイツ両国民の悲痛の声が聞こえてくるようで、他国民ながら、それを共有したい気持になってくる。

（7）『社会科学総合辞典』前掲「第二次世界大戦」の項。

（8）一九六五年の国際連合憲章の改正にともない、「九理事国」と読み替えることが必要であろう。

（9）黒沢満『核軍縮と国際平和』（一九九九年、有斐閣）一〇五ページ以下参照。筆頭にあげていた中央アジアは、中央アジア非核兵器地帯条約として設立したので、削った。

（10）パラオ共和国憲法（一九八一年施行）は、「戦争に使用することを目的とした核兵器、化学兵器、ガスもしくは生物学的兵器、原子力発電所およびそこから生じる廃棄物のような有害物質は、この特別な問題について提起された国民投票における、投票数の四分の三以上の明白な承認がなければ、パラオの領域内において、これを使用し、実験し、貯蔵し、または処理してはならない」(一三条六節)と規定している。他の憲法にはまったくみられない。ミクロネシア連邦憲法(一九七九年施行)は、これほどきびしくはないが、「放射性物質、有害化学物質またはその他の有害物質は、ミクロネシア連邦国家政府の明確な承認がなければ、ミクロネシア連邦の管轄権の及ぶ範囲内において、実験し、貯蔵し、使用し、または処理することはできない」(一三条二節)としている。この憲法は、「これらの島に居を構えたわれらの祖先は、他民族にとって代わって住みついたものではない。ここに住むわれらは、この島以外に居住地を望まない。戦争を知っているので、われらは、平和を願い、分割されたので、われらは、統一を望み、支配されたので、自由を求める」(前文四項)と宣明しており、感動的な内容である。なお、両憲法とも規定はないが、実際に、軍隊は、存在しない。

(11)ＥＵが、アメリカ、中東、アジアなど一四国の名をあげ、「世界平和に脅威となっていると思いますか」と尋ねた世論調査の結果が二〇〇三年一一月に発表された。一番多かったのがイスラエルの五九%で、つぎがアメリカ、イラン、朝鮮の五三%、イラクは、これらを下回り、五二%である。アメリカが世界平和に脅威となっているのは、事実である。国別でみると、ギリシャが八八%と最も多い。同盟国イギリスも五五%である。アメリカは、実態と違うと反論しているが(朝日二〇〇三・一一・四夕刊)、世論調査に答えたＥＵ各国の人々の認識であるから、アメリカの反論は、筋違いである。

第三章　研究者の立場から

憲法九条と王道論

吉田俊純

一　私は日本が九条の提案をしたと考える

憲法九条の非武装と戦争放棄の提案は、日本側からなされたのか、アメリカ側、とくに進駐軍の総司令官であったマッカーサー元帥からなされたのかは、学会のみならず、世間一般においても議論の分かれるところである。この論争の詳細に関して、私がどの程度の知識をもっているかと問われれば、ほとんど無知であると告白しなければならない。史料はもちろん、研究史を調べたことがあるわけでもないし、関連した専門書を熟読したことなどかつてない。そうではあるが、私の専門的な立場からすれば、九条の精神は我が国の、広めていえば東アジアの伝統思想のなかにはあるが、欧米の近代政治思想にはないのではないかと思われる。

しかし、九条はマッカーサーの提案との考えは根深い。そこで私はこの小論において、なぜ私が九条は最初、日本側から提案されたと考えるのか、具体的に述べようと思う。

二　近代国民国家

ブルジョワ革命をへて成立した近代国民国家は、封建制を否定し、自由と平等を国家編成の原理とした国家であった。歴史の偉大な進歩の側面である。しかし、弊害が生じた。その最大のものが戦争である。近代国民国家は大規模に国民を戦争に動員する組織であった。

フランス革命をみても、革命を否定する諸外国の干渉を排除するために、革命政府は防衛戦争を戦った。革命は国民に支持され、主体的な参加をえて、革命は防衛された。さらにナポレオン戦争を起こして、ヨーロッパを解放しようとした。近代国民国家は理念のためには戦争をし、国民を戦争に動員したのである。

さらに悪いことに、近代国民国家は経済的には資本主義を採用したために、帝国主義政策をとった。市場の確保のために、近代国民国家は互いに競いあって戦争を繰り返し、また植民地化するために世界各地で侵略戦争を展開した。近代国民国家は、利益のためには積極的に戦争をしたのである。もちろん、これらの戦争に国民を大規模に動員した。その挙句のはてが、二回の世界大戦であった。

近代国民国家は、なぜ国民を戦争に動員できたのであろうか。それはその理念である自由と平等に由来している。

自由は解放を意味する温かい概念のように思える。しかし、その反面は厳しい冷たいものである。原則的には自分の自由は、自分で守らなければならないからである。一人ひとりが多様な権利をもっていて、ともすれば自由は犯されるからである。自由と平等の社会関係は、この自覚をもった人びとのうえに成立するのである。

国家においても、この原則は同じである。自国の自由は、みずから守らなければならない。この場合の自由とは、近代国民国家としての独立であり、また権益である。そのためには国防、軍事力をもつこと、戦争に訴えて問題を解決することは認められていた。もちろん、近代国民国家は、互いにこの権利を平等に認めあっていたのである。

そうはいっても、近代国民国家は内部に階級矛盾を抱えていた。それ故に、国民を戦争に動員するために愛国心教育は不可欠であった。愛する国は、みずから守らなければならないと。

近代国民国家は、社会契約説のうえに成立している。国民の権利、自由と平等を守り、保障するために国家はある。しかし、自由はみずから守るとの原則は基本である。権利は主張しなければ、おうおう無視される。自由を侵害するのは、国家権力そのものである事例もまれではないのである。

国際関係はもっと冷徹である。戦争はつねに繰り返された。その反省のうえに、第一次世界大戦後に国際連盟を、第二次世界大戦後は、より強力な国際連合を結成した。しかし、戦争をなくし世界平和を達成するためには、いまだ十分な機関とはなっていない。今日といえども、自国を守るために軍事力をもつことは、最大の国家主権として国際的に認められているのである。

みずからの自由はみずから守らなければならないとの原則の下、近代国民国家は戦争を繰り返してきた。自衛権は近代国民国家にとって必要不可欠な権利である。これをもたない独立した近代国民国家はありえないのである。

誤解を避けるために一言しておくが、私は戦争をする軍事力をもつことを是とするものではない。本書においても、小林三衛氏は右の現実のなかにあっても、世界は着実に平和の方向に進んでいることを説いている。また三石善吉氏は、我々は世界平和の確立のために、積極的に九条の精神を世界に広めることを説いている。現実にとらわれるのではなく、我々は平和の実現をめざさなければならない。ただここでは、九条はいかなる思想的背景をもち、誰によって提案されたかを考えているのである。

それ故に、私には欧米における近代国民国家の政治学と、その元になった伝統思想には、九条のような非武装・戦争放棄、しかもみずからただちに、といった考え方はなかったのではないかと思われる。少なくとも、支配イデオロギーにおいては。

アメリカは、世界に冠たる自由の国である。そこでは、みずからの自由はみずから守るとの自由の精神が横溢している。その国が非武装と戦争放棄を独立国に求めるであろうか。ましてマッカーサーはアメリカの軍人である。彼みずから、そのようなことを考えたとは、とても思えない。もし、アメリカかマッカーサーが発想し提案したとするならば、その意味するところは、日本の完全独立の否定でしかない。

私は近代国民国家というものを考えるとき、欧米の政治的・思想的伝統からは九条は生まれてこないと思うのである。それでは、九条はなにに由来するのか。それは東アジアの、そして日本の伝統思想であり、天皇制の支配イデオロギーであった儒教の理想的支配形態である王道に由来すると考えるのである。

三『論語』にみる王道

儒教は春秋・戦国の戦乱の世に形成された。戦乱を終わらせるために、儒教が理想とした支配は道徳支配である。支配者は仁義の精神をもって民の生活を安定させ、道徳に基づいた国家を形成する。これが王道である。このような国家に内憂外患はなく、武器は必要ないのである。具体的にまず『論語』をみてみよう。顔淵編には、つぎの一章がある。

子貢政を問ふ。子曰《いわ》く、食を足し、兵を足し、民之《これ》を信にすと。子貢曰く、必ず已《や》むことをえずして去らば、この三者に於《お》て何をか先にせんと。曰く、兵を去らんと。子貢曰く、必ず已むことをえずして去らば、この二者に於て何をか先にせんと。曰く、食を去らん。古《いにしえ》より皆《みな》死あり。民《たみ》信なくんば立たづと。

むずかしい文章ではないけれども、一応、現代語訳を示そう（現代語訳は明治書院の新釈漢文大系本『論語』による。なお原文にない補足的な部分にはカッコを施した。以下同じ）。

子貢が政治の要領をたずねた。孔子は、「食を満足させ、軍備を充足し、人民に信義あらしめる。（すなわち、経済生活の安定、国防の充実、道義教育の完成である）」と言った。子貢は更につっ込んで質問した。「（国家の現状からして）已むを得ずしてこの三者の中から一つをやめねばならぬということになったら、何を先に捨てるべきでございますか」とたずねた。孔子は「軍備をやめよう」と答えた。子貢は更に重ねて、「また、どうしても已むなく残りの二つの中から、どちらか一つを去らねばならなくなったら、どちらを捨てるべきでございますか」とたずねた。孔子は、「食を捨てよう。（さて食を去ったら人は餓死することにもなろうが、）死は人間の皆まぬがれぬところだ。人の世に信義、ないし信頼が無かったら、絶対に成り立つものでない」と教えた。

右の章は信の重要さを説いたもので、そのためには食や兵は捨ててもよいと説いているのであって、通常は食と同様に兵、軍備を充実することは当然の前提にされていると解釈することができる。しかし、儒学史上、この章はそう単純には解釈されずに、軍備なき儒教の理想の政体を説いたものと理解されてきた。近世の代表的な儒学者で、対照的な地位にあった二人の儒者の右の章の解説をみて、このことを確認しよう。一人は、京都の町人の意識のままで儒教を解釈したといわれる伊藤仁斎（一六二七〜一七〇五）である。もう一人は、治者としての武士の自覚を説き、内憂外患の危機を説いた熊沢蕃山（一六一九〜九一）である。

仁斎は『論語古義』において、この章の「兵を去らん」に、つぎの注釈を付している。

言ふこころは、兵は国を保つの要、去るべからず。然るに食足りて信孚《まこと》ならば、すなはち兵なくして守るべし。故に兵は去るべくして、食と信とは去るべからず。

「食」が十分で、すなわち我々の言葉でいえば経済が安定して、「信」信義が確立していれば、

「兵」軍備がなくとも国は守れると断言するのである。仁斎は、経済が安定し、信義＝道徳が確立されるならば軍備はなくとも、国防は可能であると説いた。儒者は道徳の確立のために儒学を学び、説くものである。軍備のない国家の形成は、彼らの目標であったのである。

この章全体の解説においても、信の重要さを強調して、つぎのように述べている。

それ食と兵とは、もとより急務たり。然るに信は之《これ》が本たり。信なくばすなはち粟ありといへども、誰とともに食せん。兵ありといへども、誰とともに用ひん。（粟は穀物のこと）

信義がなかったならば、軍備があったとしても、無用の長物でしかないと論じているのである。むしろ「誰とともに用ひん」には、混乱の元との意味が含まれていよう。

蕃山は『論語小解』において、この章の「兵を去らん」を、つぎのように解説している。

曰去兵《いわくへいをさる》とは三の者、一もかくべからずといへども、不得已《やむをえず》して去べきは兵也。食足《たり》て信かたくば、杖を制《つくり》て秦楚の堅甲利兵をうたしむべき道あり。水は至柔の物なれども、和して一なる故に、堤を破《やぶ》り、大石をうごかす。仁者には敵なし。王者の兵は必ずしも堅甲利兵を不頼《たのまず》。

ここでも経済が安定し、信義が確立していれば、軍備は無用と説いている。そうであるならば、杖で秦楚の強兵を討つことができる。水はもっとも柔らかいものであるが、大きくまとまると、堤防を破壊し、大石を動かす。同様に仁者には敵がいない。

「王者の兵」王道に基づいた国の軍備とは「堅甲利兵」十分な装備をもった軍隊に依頼しないと説いているのである。仁斎は述べなかったが、蕃山は「仁者」といい、また「王者の兵」と表現することによって、これが王道であることを示している。武士の立場に立って立論した蕃山においても、武器のない国家こそ、理想の国家であったのである。

儒教は文官の思想である。したがって、武の側面が軽視されるのが普通である。衛霊公編の首章には、孔子は軍事は学ばなかったと、つぎのように明言している。

衛の霊公陳《じん》を孔子に問ふ。孔子対《こた》へて曰く、俎豆《そとう》の事は、すなはち嘗《かつ》て之《これ》を聞けり。軍旅の事は、未だ之を学ばざるなりと。明日遂に行《さ》る。（陳は陣の意。俎豆はともに祭器の一種）

現代語訳を示そう。

衛の霊公が孔子を引見して軍隊の陣立ての法を問うた。（当時、衛は晋と戦争をしようとしていたからである。）孔子は、「私は俎豆など、祭具のならべ方の礼は学んでおりますが、軍隊のならべ方などの軍事は学んでおりません」と答えて、その翌日さっさと衛の国を去ってしまった。（霊公が戦いに心を奪われておる限り、自分の説かんとする礼楽の道に耳をかさないと見限ったからである。）

儒教は信義＝道徳の確立を説くが、具体的あり方としては礼を説く。礼教といわれるほどである。礼とは、平たくいえば礼儀作法のことで、言語動作のあり方であるが、あらゆる部門でそのあるべきあり方が求められる。その頂点にあるのが、祭祀の礼である。衛の霊公に軍事について聞かれた孔子は、祭祀の礼に関しては祭器のことまで、詳しく学んだけれども、軍事に関しては学んだことはないと答えて、翌日、衛から去ったのである。

この文を仁斎は『論語古義』において、孔子は軍事を「知らざるにあらず。ただ訓《おしえ》たる所以にあらず」なので、学ばなかったといったのだと述べて、つぎのように解説している。

いやしくも礼譲を以て国を為《おさ》むれば、すなはち孝順和睦の風興り、君民上下の情親しむ。力を協《あわ》せ心を一にし、君を尊び上を親しむ。その強、いずれか禦《とど》めん。然らずんば、三綱淪《しず》み九法斁《やぶれ》む。人に離心あらば、国誰とともに立たむ。軍旅、精なりといへども、はたして何《いずれ》の用ゆる所ならんや。故に曰く、天下を威《おど》すに兵革の利を以てせずと。王道の易易《いい》たるを言ふなり。

右は大約、以下のような意味である。礼譲を以て国を治めれば、上下の情が通じて、協力一心の風俗が形成される。その強さは、誰も防ぐことができないほどである。そうでなければ、国家の大綱・大法といわれるものまでが乱れて、人心は離れ国家は成り立たなくなる。そうなったら、いかに精強な軍備を有していても役に立たない。軍事力で天下を威圧してはならない。王道を以てすれば、たやすく天下は治められるのだ。

ここで仁斎は、はっきりと王道といっている。礼譲の道徳によって国を治めれば、その力は軍事力以上のものである。「天下を威すに兵革の利を以てせず」と、軍備の強化に奔走する霊公を批判し、道徳の確立をめざす孔子を称えたのである。

蕃山は『論語小解』において、この章をつぎのように解説している。

孔子文のみにて武なきにあらず。霊公無道にして、戦伐に志あり。故に其本《そのもと》に反《かえり》て国を治めんことを欲し給へば也。国を治るには仁政を以てす。仁政は君の仁心より生ず。人の君としては仁に止《とま》る。君は民の父母なれば也。（中略）仁者には敵なし。天下に敵なき時は、軍法用る所なし。

右は大約、以下のような意味である。孔子は文道のみでなく武道も心得ていたが、霊公のように戦争ばかり考えている無道な君主を批判して、学ばずといったのだ。基本である道徳に基づいて国家を治めることを孔子は望んだ。君主は民の生活を安定させる仁政を実施しなければならない。その成果は敵対する者がいなくなるほどである。そうなったら、軍事力を用いることはないのだ。

蕃山もまた軍備の増強に奔走する霊公を批判し、道徳に基づいた仁政を実施することこそが最大の防衛力であり、戦争をなくすことになると説いているのである。

右に『論語』にみえる典型的な平和主義、王道を語る章を紹介した。そして、仁斎と蕃山の解説をみた。ただ二人の解説は本文以上に平和主義的で、信義・礼譲の道徳を重んじ、軍備の不必要性を説いている。なぜであろうか。『論語』は格言集というべき書で、一つひとつの問題を論理的に展開したものではない。二人は『論語』のもつ方向性を、王道の思想を、『孟子』によって補強しているのである。儒教は孔孟の教とも呼ばれるように、『孟子』の地位は『論語』についで高い。孟子は、孔子の生きた春秋時代より、さらに戦乱の激しい戦国時代の人であった。それだけ強く平和を求めた人であった。『孟子』は実に王道を説いた書なのである。そこでつぎに、『孟子』の王道論を概観しよう。

四『孟子』の王道論

『孟子』は仁義に基づく理想的な政治のあり方、王道を説いた書である。全編、その趣旨であるとされるが、ここでは前章にみた仁斎と蕃山が依拠している部分を、三ヵ所紹介するにとどめる。

梁恵王上編の第三章は、梁の恵王が人口を増加させる策を孟子に質問した話である。孟子はこれに答えて、有名な五十歩百歩の譬えに続けて、つぎのように述べた。

農事を違へずんば、穀勝《あ》げて食ふべからず。数罟《そくこ》洿池《おち》に入らずんば、魚鼈《ぎょべつ》勝げて食ふべからず。斧斤《ふきん》時を以て山林に入れば、材木勝げて用ふべからず。穀と魚鼈と勝げて食ふべからず、材木勝げて用ふべからざるは、これ民をして生を養ひ死を喪して、憾《うらみ》なからしむるなり。生を養ひ死を喪して憾なきは、王道の始めなり。（数罟は目の細かい網。洿は水たまり。鼈はすっぽん）

王道の始めは食料などを確保して、民の生活を安定させることにあると説いている。現代語訳を示そう。（明治書院の新釈漢文大系本『孟子』による。なお本文にない補足的な部分にはカッコを施した。以下同じ）

（王者が政治を行うに当たって、）農業の忙しい時をさけて、（民を夫役に使うならば、農事に手が十分行き届くから）穀物は食べても食べても食べきれない（程よく出来る）、また目の細い網を池の中に入れて、（小さい魚まで取りつくす）ようなことをしなければ、魚や鼈は（繁殖して、）食っても食っても食いきれないようになる。（また乱伐をしないで）伐るべき適当な時期に斧斤を山林に入れて（木を伐るようにすれば、木はどんどん生長して）、いくら使っても使っても使いきれない（ほど材木が豊富になる）。このように、穀物と魚鼈とが食いつくせず、材木が使いきれないように（沢山に）なるということは、つまり民をして生きている者を十分に養い、死んだ者を十分にとむらうことが出来て、少しも遺憾のないようにさせる（もとである）。この生者を十分に養い、死者をも十分にとぶらって遺憾のないようにさせるということが、（それこそが、とりもなおさず）王道の始めなのである。

そして続けて、食料が確保されて飢えることがなくなったときに、「庠序《しょうじょ》の教を慎しみ、これにかさぬるに、孝悌の義を以てする」と説いている。すなわち庠序＝学校などで孝悌の教え、礼教を学ばせるのである。

梁恵王上編の第五章は、恵王が晋・斉・秦・楚の強国に囲まれた弱小国梁が、これらの諸国と軍事的に対抗してゆく方法を尋ねた問いに答えたものである。孟子は、つぎのように答えた。

地方百里にして以て王たるべし。王もし仁政を民に施し、刑罰を省き、税斂を薄くし、深く耕し易《おさ》め耨《くさぎ》りて、壮者は暇日を以てその孝悌忠信を修め、入りては以てその父兄に事《つか》へ、出でては以てその長上に事へば、梃《つえ》を制《つく》つて以て秦楚の堅甲利兵を撻《はぶ》たしむべし。（梃は杖）

彼はその民の時を奪ひ、耕耨して以てその父母を養ふことをえざらしむ。父母凍餓し、兄弟妻子離散す。彼はその民を陥溺す。王往《ゆ》きてこれを征せば、それ誰か王と敵せん。故に曰く、仁者は敵なしと。王請ふ、疑ふことなかれ。

王が仁政を施し、生活を安定させ道徳を修めさせれば、杖で秦楚の強国を討つほどの国力をえられるが、その逆は亡国となると説いている。現代語訳を示そう。

孟子が対《こた》えていうに、「領地が僅か百里四方もあれば、（仁政を行ない天下の帰服を得ることによって、）それだけで十分王となることも出来る。すなわち、王がもし仁政を民に施し、刑罰をなるべく簡単に軽くし、税の取り立てをひどくせず、農事に当っては深く耕し、十分に土地を手入れし、ていねいに草をとるようにさせ、若い者には農事のひまに、孝悌忠信の徳を修めさせ、家にあってはその父兄によくつかえ、外に出てはその長上の人によく順《したが》い調和するように、導いていったなら、杖をひっさげて行くだけで、秦・楚の堅固な甲冑や鋭利な武器をうちひしぐことが出来るのである。」

（孟子の言葉はつづく）「かの秦や楚は、民の農事にも（平気で民を夫役に）かり出すので、そのために、民が田を耕し、くさぎって、（それでもってよく豊作を得て、）その父母を養うということを、出来ないようにさせている。それで、父母は飢えこごえ、兄弟妻子はちりぢりになってしまう。このように、彼の国は、その民をおとし穴におとし入れたり、水の中に溺らせるようなことをして、（苦しめているのである。）だから、王が（前にのべた孝悌忠信のよく修まった人民を引き連れて）往《い》って、彼の国を征したならば、誰が王に敵しようか。（誰も敵する者はいない。）故に、古語にも『仁者に対しては、（皆その徳になびいて、）敵する者がない。』といわれている。王よ、どうかこのことを、お疑いなさるな。」と。

公孫丑下編の第一章は、有名な「天の時は地の利に如《し》かず。地の利は人の和に如かず」の格言を説いたのちに、つぎのように述べている。

故に曰く、民を域《かぎ》るに封疆《ほうきょう》の界を以てせず、国を固《かた》むるに山谿《さんけい》の険を以てせず、天下を威《おど》すに兵革の利を以てせず、と。道を得る者は助多く、道を失ふ者は助寡《すくな》し。助寡きの至りは、親戚これに畔《そむ》き、助多きの至りは、天下これに順《したが》ふ。天下の順ふ所を以て、親戚の畔く所を攻む。故に君子は戦はざることあり。戦へば必ず勝つ。

道徳が確立して人の和をえた国は、軍事力を必要としない。天下がおのずから服従するからである。したがって、道徳の乱れた国と戦えば、かならず勝つのである。現代語訳を示そう。

（孟子の言葉はなおつづく、）「それ故に、『（民が逃げないようにと、）関門などのような国境の限界（区ぎり）を作ることなどはしない。国を堅固にするために、山や谷のけわしさを用いることなどもしない。また天下の民を威服するために、武器や甲冑のすぐれて鋭利堅固なものを用いることもしない。』と、古語に言われている。（仁義の）道を行なっている者は、（ひとりでに）助けられることが多く、（仁義の）道を失った者は、助けられることが少ない。助けの少ない極限は、親戚さえも、そむくようになるし、助けの多い極限は、天下中の人が皆その人に従うようになるのである。天下中の人がみんな従って来るような人が、親戚さえも畔《そむ》き去るような人を攻めるとしたならば、（勝つのは当然であり、それは天下中の人の和を得ているからである。）それ故に、（有徳の）君子は、戦わない場合はそれまでである。だが、若《も》し一たび戦うとすれば、(天下の人心の和を得ているのであるから、)必ず勝つにきまっているのである。」と。

儒教は春秋・戦国の乱世に、道徳の再確立を説いた教である。それだけ平和への志向が強いのである。そのためには仁政を施し、民の生活を安定させて道徳を修めさせる。その力こそ、いかなる軍事力よりも強いと説いたのである。軍備がなくとも強国と対抗できるし。天下を統一することもできると説いたのである。

漢代以降、儒教は中国の国教となった。日本においても、とくに近世以降、広く普及した。しかし、儒教の理想主義的な平和主義は、実質上、実現されなかった。しかし、忘れ去られることはなかった。日本においても、仁斎と蕃山にみたように、力強く主張されていたのである。

五　伝統思想の問題点

右の論拠から私は、憲法九条の非武装と戦争放棄の平和思想は、伝統思想である儒教の理想主義的な平和主義に由来すると認めるのである。しかし、そう認めるには、三点の批判が提起されるに違いない。第一は、儒教は中国の思想であって、日本の伝統思想とはいえないとの指摘である。第二は、儒教は封建思想であるとの批判である。第三は、封建的な儒教は天皇制下、軍国主義に奉仕する思想であったとの批判である。

第一の儒教は日本の伝統思想といえるかどうかは、古くから学会の論争点の一つである。しかし、まったく否定的な見解は今日では通用しないであろう。要はその程度の問題である。

天皇制は教育勅語に典型的に認められるように、思想的に欧米の近代思想を取り入れる一方、それを伝統思想と調和折衷させて、伝統思想のなかに位置づけた。このとき、伝統思想は儒教の概念と用語で表現された。一般的にも我々日本人は、道徳を語るときに、仁義・礼儀・孝・誠などと、儒教の用語を使用するのである。それほどまでに近世以来、儒教は日本人のなかに浸透しているのである。

第二の儒教は封建思想との批判であるが、我々は伝統を負って生きている。伝統は前近代の封建社会に由来するものであるから、その本質が封建的であるのは当然のことである。その一方、長い歴史を耐え抜いた伝統は、普遍的な側面をもっている。要は封建的な側面ではなく、我々はいかに普遍的な側面を生かしていくかである。そのためには封建的な側面は読み変えて、全体的に再編しなければならない。伝統を尊重するとは、たんに過去のそのままを維持することであってはならないのである。

第三の軍国主義に奉仕する思想であった点であるが、本稿で取り上げた王道は、そのもっとも典型的な事例である。「王道楽土」は「五族協和」とともに、日本が満州を侵略したときのスローガンであった。しかし、王道の本当の意味は本稿で示したとおりである。軍事力を背景に、非人道的暴力的な侵略を王道楽土の建設といって、言葉で飾って現実を糊塗したのである。この差を、当時の人びとはどう考えたのであろうか。

天皇制下、儒教は伝統思想を表現する思想として利用された。この場合、人間関係を上下的にとらえる封建的側面が利用されたのである。儒教は支配イデオロギーであった。したがって、支配層ほど儒教的教養は豊かであった。大日本帝国の侵略戦争が破綻していくなかで、そして破綻したとき、彼らは反省し、儒教の普遍的な側面、平和主義が思い起こされたとしても不思議ではない。

天皇制下、儒教は支配イデオロギーであった。その封建的な側面が利用されたのである。しかし、敗戦とともにその普遍的な側面、王道の平和主義的な側面が想起されたのである。この成果が九条であると私は考えている。具体的に誰が、どのようにしてマッカーサー元帥を説得したかは、私の考察の及ぶところではないが、かなり重要な人物が、その任に当たったことは疑いない。

より重要なことは、憲法が制定されたとき、九条は悲惨な戦争に動員され、協力させられた国民に、強く支持されたことである。私ごとであるが、七年も戦争に駆り出された私の父は、戦後生まれの私に、「わしの青春は戦争じゃった。日本はもう戦争をしない国になったんじゃ」

と、子供のときによく語ったものである。

話は飛ぶようであるが、平和を愛することは日本の伝統であることを、もう一つ最後に指摘しておこう。

近世、平和を求めたものは儒者たちだけではなかった。戦国の争乱を克服して成立した徳川幕藩体制は、争いをもっとも嫌悪した。言葉に出すのもはばかったほどである。戦争を起こさせないために、幕府は諸大名が軍備を強化することを禁じた。平和を維持するためには、外国との関係を絶つ鎖国さえした。徳川の平和は、こうした努力のうえに実現したのである。この時代の日本は、世界史的にもまれな二百数十年にわたって戦争のない、平和の持続した時代だったのである。

カントの永遠平和論に寄せて

武井邦夫

カント（一七二四～一八〇四年）の「永遠の平和のために」（一七九五年）はフランスとプロシャの平和条約（注1）を批判する意味をこめて執筆されたものと言われているが、その根本理念はもとより戦争と平和に関するカントの長年に渡る思索の産物である。それゆえ、世界平和に関する提言としてこれを見る時、そこに時代を越えて現代にも通ずる問題提起がなされていることを知ることができる。ここではこの論文を検討し、我国の憲法問題を考える一助としたい。訳本は、『永遠の平和のために』（土岐邦夫訳）、『世界の大思想』第十一（河出書房刊、一九六五年）を用いる。

第1章「国家間の永遠の平和の為の予備条項」

―「将来の戦争の原因となるような要素をひそかに留保して結ばれた平和条約は有効な平和条約と見なされてはならない」

これに関してカントは次のように述べる。

「なぜなら、そういう場合には、それはむしろ単なる休戦にすぎず、平和ではないからである。平和というのは、敵対行為が全くなくなることを意味し、それに永遠のという形容詞を添えるのさえ疑い深さを示す言葉の重複であるようなものなのである」

このような要求を満たす平和条約は単に戦争当事国の力関係を反映するのではなく、万人の肯定する国際間の道理と正義を満たすような内容でなければならないであろう。

2「独立して存立しているいかなる国家も（小国か大国かはこの場合問題ではない）相続、交換、買収、または贈与の手段によって、ほかの国家に取得されうるようなことがあってはならない」

これに関してカントは述べる。

「それというのも国家は（たとえば国家が位置を占めている土地のように）所有物（世襲財産）ではないからである。国家は人間の社会なのであり、この社会を国家自身以外のだれも支配し、処理してはならないのである。……（それは）国家の道徳的人格としての存在を廃棄して道徳的人格を物に変えることを意味する」

このような場合は特に小国についてあてはまるであろう。またここでは戦争による国家の消滅が抜けているが（例えばポーランドのプロシャ・ロシア・オーストリア三国による分割）、これは故意か偶然か。プロシャがからんでいるから、カントが遠慮したのかもしれない。

3　「常備軍は時と共に全廃されるべきである」

カントはいう。

「なぜなら、常備軍はいつでも戦えるようにすでに十分戦備を整えているので、ほかの国に戦争の不安を感じさせるからである」

常備軍の戦備は他国を刺激して、相互にきりのない拡張を呼び、その圧力に耐え兼ねて「この重荷から免れるための攻撃戦争の原因となるわけである」

「ただし、国民が自分自身と祖国とを外からの攻撃に対して守るために定期的に武器の習練を自発的に行う場合は、事情はまったく別である」

カントは攻撃力は否定するが、自衛力まで否定している訳ではない。しかし、その場合、常備軍抜きで自衛の目的を達成できるかどうかは、武器の進歩に連れて問題があるところであるが、すべての国が常備軍を廃止しているか、または攻撃的武器をもたない自衛的軍隊ならば話は別であろう。カントも「時と共に全廃されるべきである」と幅を持たせている。この場合には国家間で相互に軍備の縮小に努めるよう交渉することが必要であろう。それと共に何が侵略で、何が自衛であるかという国際的定義が必要であろう。

カントはこの項の末尾で次のように付け加えている。

「富の蓄積も同じような事態をもたらすであろう。つまり、富は戦争を辞さぬという脅かしとして他国から受け取られるので、先んじて攻撃する必要を他国に感じさせるようになるのである。それというのも兵力、同盟力、財力の三つの力のうちで、おそらく財力がもっとも信頼できる戦争用具だといえるからである」

ここで彼が国力として兵力、同盟力、財力をあげているのは興味深いが、それ以外に何か考えているのかはわからない。財力があれば戦力、特に武器の充実は簡単にできるから、隣国の懐疑心を刺激することは十分考えられる。それゆえ現在の日本のような経済大国は常にそのような目で隣国から見られていることを意識して慎重に行動すべきであろう。

4「いかなる国債も国家の対外的争いに関連して発行されてはならない」

これは、第3項に関連しているが、国債を発行して戦力の充実を図るような国家は他国から疑いの目で見られても仕方のない話しである。国債は全く近代社会特有の産物であり、国家をして常時的に戦争に対応しうる態勢を可能ならしめるものである。(注2)

5「いかなる国家もほかの国家の体制や統治に力を用いて干渉してはならない」

これは当然のことであるが、カントは次のように付け加えている。「二つの国家が内部の不和によって二つに分裂し、そのおのおのが独立に単独の国家であると主張して、全体を支配する権利を要求する場合には、事情は異なるであろう」。なぜなら「そのときには無政府状態にあるからである」。「しかし、この内部の争いがいまだ決定的な形をとっていない限りは、外国によるこのような干渉は……騒乱をひき起こすことにさえなり、すべての国家の自律をおびやかすことになろう」

要するにタイミングだというわけである。タイミングが許せば外国からの干渉も許されるというわけであろうが、そのような干渉は被干渉国民衆の外国干渉軍への攻撃や、それについで更に他の国の干渉を増大させ、揚げ句の果ては世界的戦争の原因となる可能性がある。それゆえ、カントの時代には国際的に許されても、現代のように武器や兵力の運搬力が発達している時代では極めて危険である。

6「いかなる国家も他国との戦争のあいだに、将来の平和に際して相互の信頼を不可能にするにちがいないような敵対行為を行ってはならない。たとえば、暗殺者や毒殺者の使用、降伏協定の違反、相手国内での反逆の教唆など」

カントはこれに関していう。

「これらは恥を知らぬ戦術である。なぜなら、たとえ戦争の最中でも相手の性情に対する何らかの信頼がやはり残っていなければならない。そうでなければ平和は決して回復できず、敵対行為は絶滅戦争に結局はなるであろうからである。……絶滅戦争は、双方とも同時に滅ぼし尽くし、またそれと共にすべての正しさも絶やしてしまうのだから、永遠の平和をただ人類の大いなる墓場の上に達成されるものとするであろう、ということである」。

正しさがどちらの側にあるかは戦争の結果によってきまるのである［Might is Right］からといって、どんな手段でも許されるというものではない。謀略や残虐すぎる武器の使用や無抵抗な市民や捕虜に対する残虐行為等、武器の進歩に応じて、国際法上の禁じ手の範囲は増大してゆく。そうでなければ、恨みは半永久的に残り、恒久平和は単なるスローガンに成り下がるであろう。これは国家間の戦争に限らず、個人間の争いに関しても言い得るであろう。

カントは最後に総括する。

「以上示した諸法則は、客観的には、つまり権力者の意図に関してみられた場合には、すべて禁止法則である。しかし、そのうちのいくつかは［第一、第五、第六のように］、事情のいかんを問わず、適用される厳格な種類のもの（厳格法）であり、すぐに止めるよう要求するが、そのほかのものは……その執行について主観的に事情に応じて幅のある適用を認め（任意法）、実行を延ばすことも許している。ただし、その目的を見失ってはならない」

以上のようなカントの考えは二百年前の哲学者の夢想ではなく、その殆どが今日でも国際法的に十分生きているような提案であるといわねばならない。

第2章「国家間の永遠の平和のための確定条項」

カントは冒頭で、次のように述べる。

「平和の状態は自然のままの状態ではない。自然状態はむしろ戦争の状態である。……したがって平和状態は作り出されなければならない」

これは、カントの現実主義的感覚を示すものである。

「永遠の平和のための第一確定条項　各国家の公民的体制は共和的でなければならない」

「共和的体制」についてカントは述べる。

「第一に（人間として）社会の成員が自由であるという原理、第二に（臣民として）すべてのものが唯一の共同の立法に従属するという原則、第三に（国民として）すべてのものが平等であるという法則、これら三つをもとにして設立された体制、——このような体制が、国民のすべての法的な立法が基礎としなければならぬ根本契約の理念から生じる唯一の体制であるが、この体制が共和的体制なのである」

共和的体制は「法概念の純粋な源に由来しているという起源の純粋さに加えて、求められている結果、すなわち永遠の平和への見通しをもさらにもっているのである」

その理由は「戦争すべきかどうかを決定するために国民の同意が求められた場合、国民は戦争に伴うあらゆる窮迫を自分自身に引き受けることを決めねばならないのだから、そういうはなはだ望ましくない勝負事を始めるのをひどくためらうのは、何よりも当然のことである」。

ところがそれ以外の体制では「戦争を始めるのは全く何のためらいもなく行われる事柄なのである」

カントはこれに続いて「共和的体制を民主的体制と混同しないように、次のことに注意しなければならない」といって国家の形式を「支配の形式」上、君主制、貴族制、民主制の三つに分類する反面、「統治の形式」上、共和制と専政制に分類しているが、この「統治の形式」というのは「憲法を基礎として国家が絶対権力を行使する方法にかかわるもの」という。「共和政治は執行権（統治）を立法権から分離するという国家原理である」のに対し、「専制政治は国家が自身でたてた法を専断的に執行もするという国家原理である」という。「三つの国家形式のうちで民主制の形式は、言葉の本来の意味からいって必然的に専制政治である。なぜなら民主制は執行権を設置して、それによってすべての人が一人の人について、また場合によっては一人の人に対応しても（だからその人は同意していないのに）議決できるように、したがって実は全ての人ではない全ての人が議決できるようにするからである。しかし、このようなことは普遍的意志の自己矛盾であり、自由との矛盾である」

このカントの論理は理解するのが難しいが、要するに民主制というのは国民の各個人が立法権と執行権を持っている筈なのに、実際は立法権や執行権は多数決原理にしたがって少数者からは奪われていると言いたいのであろう。ここから君主制や貴族制の方が共和制にヨリ近い統治形式を実現する可能性があるという、彼の理論が生まれるのであろう。「ほかの二つの国家体制もそのような統治方法を許しているかぎりでは、つねに不完全ではあるが、しかしこの二つの体制では代表制度の精神に適合した統治方法を用いることは、少なくとも可能である。たとえばフリードリッヒ二世が、余は国家の最高の奉仕者にすぎぬ、と少なくとも述べたような仕方でである」

このようなカントの国家観からすれば現実の理想に近い国家形式とは立憲君主制であろう。それはプロシャ的現実の中で大学総長としてのカントの望み得る極限であったと思われる。しかし、君主制の種類や内容については、それ以上の叙述はない。プロシャの国立大学の総長という立場からは、それを論議する自由は存在しなかったのであろう。

「永遠の平和のための第二確定条項　国際法は自由な諸国家の連合に基礎をおかねばならない」

「各国家は自分の安全のために、他国に対して、おのおのの権利が保証されるような、公民的体制に似た体制に一緒に入るよう要求することができるし、また要求すべきなのである。これは国際連合となるであろう」

「諸国家が自分の権利を追求する方法として現在用いうるのは外的法廷でのような訴訟の方法ではなく、ただ戦争だけである。しかし、戦争によっては、またその都合のよい決着、つまり勝利によっては権利の問題は決定されない。また平和条約によっては、なるほどその時の戦争は終結するかもしれないが、戦争状態（いつも戦争の新しい口実を探し出せる状態）はそれで終わるのではない」

「しかも、理性は、道徳的に立法する最高権力という王座から、戦争を訴訟の代わりに用いることを絶対に許さず、逆に平和状態を直接の義務とする。ところがこの平和状態は、民族相互の契約がなければ成立せず、また保証もされないのである。――そういうわけで平和連合とでも名づけられるような、特別な種類の連合がなければならぬことになるのである。……この連合が目指すのは、国家が何らかの力の獲得なのではなく、ただ、一つの国家自体の自由、そして同時にほかの連合した国々の自由を維持し、保証することである。――この連合は次第にすべての国家に及び、永遠の平和へと導くであろう」

カントによれば、その実現可能性は「ある強力な、しかも啓蒙された民族が共和国を形成する」場合には、その本性上永遠の平和を求める傾向を持つから、「連合による統一のかなめの役をつとめて、これらの国が連合的統一に加わり、国家の自由状態を国際法の理念にしたがって保証するようにし、また、この種の結合を増加して、その統一は次第にますます拡がるようになる」から、十分存在する。

「世界共和国という積極的理念の代わりに、その消極的代用物、つまり戦争を防止するための連合を存続させ、たえず拡大させて、それでもって法を嫌い、争いを好む傾向の流れをせきとめることができよう」というのが、カントの結論である。

このようなカントの国際連合案はその後の歴史の流れの中で定着し、実現しつつあると言えよう。

「永遠の平和のための第三確定条項　世界公民法は不変的な好遇についての諸条件に限られるべきである」

「ここで好遇（客の応接）という言葉が意味しているのは、外国人がほかの国の土地へ到着したということのためにその国から敵意のある取り扱いを受けないという、外国人の持つ権利のことである。……外国人が滞在している場所で平和な態度をとっている限りは、彼に対して敵意をもって接してはならないのである。もちろん、外国人が要求できるのは歓待を受ける権利ではなく、訪問の権利である。この訪問権は、地球の表面を共有する権利にもとづいて交際を申し出ることができるという、すべての人間に与えられている権利である」

「そのような好遇の権利、つまり他国からの来訪者に許される権限が及ぶのは、その地の原住民との交際を試みる可能性についての諸条件だけである。――このような方法で、遠く隔たった大陸もたがいに平和な関係を保てるようになり、そして、この平和な関係が最後には公に法則的なものになって、人類を結局は世界的公民体制へますます近づけることもできるであろう」

カントはこの文章に続けてヨーロッパ諸国の大航海時代に行った原住民に対する蛮行について記しているが、その点からいえば、「好遇」の権利は「好遇を求めるための前提となる義務」とすべきであろう。

追説第一　永遠の平和の保証について

「この保証を与えるのは自然というすぐれた芸術家にほかならない。自然の機械的経過は、人間の不和を用いての人間の意志に反してても融和を生ぜしめるという合目的性を明らかに現しているのである」

「自然の準備的配慮はつぎのようなことに認められる。自然は、

1　地球のすべての地域の人間のために、そこで生活できるよう配慮した。

2　戦争を用いていたるところに、住むにはきわめて適さないような地域にまでも人間を追いやって、そこに住まわせるようにした。

3　やはり戦争を用いて、多かれ少なかれ法的関係に入るよう人間を強要した」
「塩と鉄が発見され、これらが異民族のあいだの商業取引で遠く、また広く求められる、おそらく最初の商品になった。そして、この取引によって人間ははじめて相互の平和な関係へ導かれ、かくして遠い隔たっている人たちともたがいに協調し、交際し、平和な関係を結ぶようになったのである」
①「一つの民族は、公法のもとに入るよう内部の不和から強要されることはない場合にでも、戦争が外からそれを強要するであろう。先に述べたような自然の配備によって、各民族の近くにはこれを圧迫する他民族がいるので、他民族に対抗して力をもったものとしてこれに備えるために、各民族はそれぞれ内部で一つの国家を形成しなければならないからである」
②「自然は民族の混合を防ぎ、民族を分立させておくために二つの手段を用いている。言語および宗教の相違である。これらの相違は、たしかに相互に憎み合う傾向と戦争のための口実とを伴ってはいるが、しかし、文化が進み、また人間が原理に関してより大きな同意に次第に近づいてゆくにつれて、平和についての協調へみちびくのである」
③「このように自然は賢明にも諸民族を分離して、各国家の意志が国際法を根拠として

でも策略と力とによって諸民族を自分のもとに統合しようとするのを防いでいるが、しかし、その一方で自然は、世界公民法概念だけでは暴力行為と戦争に対して安全を保証されなかったであろう諸民族を、相互の利欲を用いて結合しているのである。それは商業精神である。この精神は戦争と両立しえないものであり、しかも、遅かれ早かれ、諸民族を支配するようになるであろう。つまり、国家権力に従属するすべての力（手段）のうちで財力がおそらくもっとも信頼がおけるものであるから、諸国家は貴重な平和を促進し、また、もし世界のどこかで戦争の危険が迫る場合には、そのための同盟を常に結んでいるかのように、戦争を調停によって防止する必要を感じるのである。……このような仕方で、自然は人間の傾向そのものの機構を用いて永遠の平和を保証している」

以上が永遠の平和の保証条件であるが、「商業精神」と「財力」とは、カントのいうようにイコールではありえないのではないか。「商業精神」とは、ここに現れている限りでは貿易欲である。世界各国の資源に不均等があるかぎり、一方では貿易を促進するが、他方で一旦有事のさいには、特に総力戦のもとでは、それは国際的経済圧迫の手段ともなる。それゆえ、それは平和促進の手段となるといっても、一定の条件（自由貿易）の下にすぎない。まして国家権力の当事者が王侯貴族の場合には、とかく国家の威信のような非経済的原因によって戦争状態に傾斜してゆく場合もありうるだろう。

追説第二　永遠の平和のための秘密条項

「公的平和の可能性の諸条件について哲学者が持っている格率（注3）が、戦備を整えた国家によって勧告として求められるべきである」

これは一種の哲人政治である。カントはいう。

「君主が哲学すること、あるいは哲学者が君主となることは期待されない。また望ましいことでもない。権力の所持は理性の自由な判断を不可避的に害するからである」

権力の魔力に翻弄されるのは凡人の常とするところであるが、そのような政治家を正気に返らせるためには顧問的な役割を務める哲学者がいても多くを期待できない。なぜならそのような特権を与えられればその哲学者自身の判断が鈍ったり、誤ったりする可能性があるからである。マスコミの発達した今日では世論の傾向に細心の注意を払うことであろう。

民主主義体制を高く評価せず、また立憲君主制も存在していないプロシャの国内政治を前にして哲人顧問体制は、カントにとってもっとも現実的な選択であったのかもしれない。

カントの論文には最後に付録が二つ（1「永遠の平和に関してみた道徳と政治の不一致について」2「公法の先験的概念による政治と道徳の不一致について」）ついているが、重要な内容とも思われないので省略する。

注1　プロシャはナポレオンの率いるフランス軍とイエナで戦い（一七九五年）、大敗を喫して首都ベルリンを占領された。同年四月バーゼルで締結された講和条約は苛酷なものであった。西ではエルベ川以西の領地を失い、東ではポーランド分割によって得た領土を没収された。ナポレオンはこの地にウエスト・ファーレン王国とワルシャワ大公国を建て、両国をライン同盟(フランスの従属圏)に加入させた。

注2　国債が始めて発行されたのは一六九二年、イングランドである。それ以前では大高利貸から借りるしかなかった。

注3「格率（Maxim）(1)本来は理論上実践上最大の権威を有する命題又は公理。(2)実践上広く承認された重要な原理。(3)カントの用語。意欲の主観的原理。個人が自らその行為の規則とする主観的に妥当な原理。客観的に妥当な実践的法則と区別される」（岩波哲学小辞典）。古代からのライプニッツの頃までは、証明なしに認められる自明の命題、公理などの意。カントは行為の個人的・主観的規則の意味に用い、普通的道徳法則と区別した。近世以降は行為や論理の規則の簡素な言表の意。箴言集の意味でも用いる準則（広辞苑）

平和憲法六〇年後の歯止めなき「自衛軍」
——自民党新憲法草案にみる蒙昧と愚弄——

田村　武夫

はじめに

二〇〇五年一一月二二日、自由民主党は、結党五〇周年党大会で「新憲法草案」を正式に発表した。この自民党新憲法草案に対しては、すでに様々の観点から多くの批判やコメントが表明されており、問題とすべき論点の指摘も尽くされている感がするが、蛇足の叱声を覚悟しつつ少しく付言しておきたい点があるので述べさせていただく。

新憲法草案を一読して、自民党はどうしようもない無知蒙昧の集団なのではないか、あるいは国民をまったく愚弄している政党なのではないか、という思いがよぎって嘆息をもらしてしまった。それほどにできの悪いものである。また、これが万一採択されたなら始末におえないものとなる心配がある。

自民党によって押しつけ憲法と白眼視されてきた現行の日本国憲法だが、国際社会からは現代憲法としての価値理念や内容構成をもち高く評価されてきた。とくに平和憲法という尊称にあらわれているとおり、戦争放棄・戦力不保持・交戦権否認を謳う第二章第九条は、現代世界の憲法思想・憲法制度・憲法運動の担い手達によって人類が到達すべき目標であると絶賛されている。その日本国憲法が施行六〇年経ったところで、政権党が新憲法を対置してきた。よほどの覚悟と自負をもって評価に耐えうる提案をなしたにちがいないと普通の人は受け止めるであろう。しかし、そうではなかった。

まず、新憲法草案と銘打って発表したのであるから、憲法観、憲法構成、憲法規範内容などについてなんらかの「新しさ」が示されるものと誰しも考えるであろう。「新しさ」とは、語句の差し替えや憲法史を逆なでするような旧遺物の復活ではなく、立憲主義（憲法による政治の普遍的確立という今日の事態を考えれば、人類社会が日々新たに獲得している発展した英知を摂取しているという意味である。

現行の日本国憲法が施行されて以降六〇年間に、国連を軸に国際社会は実に多くの人権規範・戦争防止規範・民主政治規範を創出し、国連加盟国の批准・承認手続をつうじて憲法規範事項の国際的水準を格段に引き上げてきた。また、この間に様々の国で憲法の新制定・改廃がおこなわれ、憲法規範の新しい地平が積極的に築かれてきている。国際社会のこうした営為の所産、新たな憲法思想や規範内容を摂取しているかどうかという視点で、自民党の新憲法草案をみたとき、まったく摂取されていないのである。[1] 新憲法草案とはいうものの「新しさ」がないということである。新憲法草案前文の冒頭にいう「日本国民は、自らの意思と決意に基づき、主権者として、ここに新しい憲法を制定する。」との文言は、日本国民にとって面はゆいというより、恥を晒すものであり、自民党による国民の詐称であるといってもおかしくはない。

かような観点からみてもっとも甚だしいものは、この後に詳述する新憲法草案第九条の二「自衛軍の保持」規定と、人権制約概念として公共の福祉に代えて「公益及び公の秩序」という概念の導入である。いずれも「新しさ」はまったくなく、とりわけ前者は、前世紀前半までの軍事力崇拝・「聖戦」肯定・パワーバランス政策への回帰である。人類の生存の危機状況という深刻で厄介な諸問題の解決を迫られている現実からいえば、かような回帰は、反人類的、非人間的という意味で反動的な選択であるとすらいえる。

新憲法草案が恐らく唯一「新しさ」を誇示する「地球の環境」を守るという文言も、地球環境の危機要因の最たるものが戦争であり軍事力の膨張であることがすでにはっきりしている現在、戦争を準備し軍事力の増強策に加担したり促進したりする内容と論理をもつ新憲法草案第九条の二の採用は矛盾であり自己否定であって、色あせた響きしかもたない。

新憲法草案第九条の二「自衛軍の保持」規定は、現行憲法第九条二項の戦力不保持・交戦権否認の規定を削除し、これに代わって新設されるもので、自民党の憲法改定の目的が端的に表出しているところといわれている。そのゆえに、新憲法草案に対する批判的言説もここに集中しており、以下の叙述も既出の議論と重なる部分があるとおもわれるが、この規定のもっとも憂慮すべき問題点として是非指摘しておきたいことがあるのでご寛恕を乞いたい。問題点とは、新憲法草案における自衛軍の組織設計に歯止めがないということである。

また、「公益及び公の秩序」はイデオロギー概念として、過去の治安維持法における「安寧秩序」に勝るとも劣らない濫用の可能性をもっており、人間の尊厳・個人の人権保障が法秩序の最高整序価値として確立している現在、かような不明確で危険な人権制約概念は否定されてきている。新憲法草案にみられる人権保障への否定的、消極的スタンスも看過することのできない問題点を含んでいるので後半にとりあげてみたい。

一　新憲法草案にみる自衛軍の活動

自民党が新憲法草案において自衛軍を保持するだけでなく、これが国内外で戦争し武力行使をする強力な軍隊に拡充していくものであることを明確にしている点に注意する必要がある。

憲法上に自衛軍の活動内容が明示されることによって、その活動内容に相応しい自衛軍の組織拡充は合憲（正当）なものとされる。自衛軍の組織拡充の合憲（正当）性という論理は、つねに国民皆兵制＝徴兵制と連結しうる射程をもっている。

自衛軍の活動内容について、新憲法草案は、

1　わが国の平和と独立ならびに国と国民の安全を確保する活動（いわゆる急迫不正な軍事侵略に対する自衛戦争）

2　国際社会の平和と安全を確保するために国際的に協調しておこなわれる活動（いずれにしてもアメリカ主導の多国籍軍または日米二国軍による戦争・武力行使への参加、あるいは国連等の国際公式決定に基づく平和維持軍等の軍事活動）

3　緊急事態における公の秩序維持活動（警察力で制御できない軍事力による国内の治安維持活動、例えばテロ攻撃対処等の軍事的活動等）

4　国民の生命もしくは自由を守るための活動（大規模な自然災害・大火などへの救援救助活動）

などを列挙している。

自衛隊のこれまでの活動実績を振り返ってみたばあい、新組織の自衛軍には、右記二番目の「国際社会の平和と安全を確保するために国際的に協調しておこなわれる活動」が主要任務と

して期待されていることがわかる。そうでなければ、軍に変える必要はないからである。いずれにしても、自衛軍の活動は、既存の自衛隊の活動と比較して、範囲の著しい拡大とともに、質的にも量的にも格段に様変わりし、自衛軍の絶え間ない組織拡充を促進することはもちろん、外部の社会諸組織（交通・運輸・医療・メディア・行政サービスなど）にも想像を絶する大きな影響を与えていくものと考える。軍が民衆の前であからさまに秩序維持に当たる光景は、沖縄を除いて戦後なかった。新憲法草案はそれを想定している。自衛軍が銃を持って重要な社会諸施設を警護し、交通の要衝に立哨する光景を想像するだけで、社会の様子が一変することを感得するであろう。

二　広範囲の活動を担う自衛軍の組織拡充

以上のように、新憲法草案に列挙されている広範囲の軍事活動を担うためには、自衛軍の組織拡充が不可避となる。組織拡充・肥大化を規制するには活動範囲を限定することが必要であるが、威嚇力そのものである軍（国家最大の実力装置）に対する規制力（歯止め）はきわめて脆弱であるという歴史的経験に照らしてみても、軍の活動範囲を限定することは容易でない。権力はつねに権威主義であり力の誇示を本性とする。つまり、軍の威嚇力を利用する衝動につねに駆られる権力保持者には、軍の組織膨張を規制することはほとんど期待できないということである。とりわけいまもって、（周辺諸国との）軍事力の均衡こそ軍事的役割の必要条件だとするアプリオリがまことしやかに流布されているので、軍の組織拡充の方が論理的で合目的的でもあるという方向に押し流されかねない。

しかもこんにち、国家間の相互関係が密接になり、いわゆる経済大国は政治大国の意識も醸成されて、国際社会へのコミットを求めがちである。また、国際権益の比重も高くなっているので、よほど確固たる規制システムを設計構築しないと、派兵衝動や軍の組織膨張を止めることは難しい。国民にも歯止めをかけることは至難である。

わが国は戦前、アジア諸国への軍事侵略や米英ソ軍との戦線拡大にともなって帝国軍隊は途方もなく膨張し、壮年のみならず少年まで捕捉し総動員して社会を疲弊衰退させ、戦争末期には国家予算の八〇％余りを食い潰すという悲惨な体験をもった。天皇の不可侵性によって厚く防御された統帥権の独立制という旧帝国憲法のシステムがあったにせよ、帝国軍隊の異常な膨張を政治機構も社会（国民）も止められなかったのである。

目を転じれば、アメリカのイラク戦争・軍事占領が打開困難な状態に陥っている。戦争や軍事占領が暴力の連鎖を引き起こし、紛争の平和的解決を遠のける結果になっている事実、そしてアメリカ国内で激しく分裂した評価、イラク派遣軍の増強論が挫折し、派遣軍の撤退要求がつよまっている最新の事態は、現代の軍事活動の環境が特殊化・例外化・狭小化し、目的達成の手段として軍事力行使の可能性・合理性にはつよい疑問がもたれていることを示唆している。つまり、普遍性がないということである。

こうした歴史的経験と昨今の事態認識からすると、自民党の新憲法草案の無頓着ぶりには呆れてしまう。自衛軍の活動範囲を限りなく広げており、しかも、個々の活動に対して実質的、手続的規制が憲法上規定されていない。活動範囲の拡大にともなって必然的に現れるであろう自衛軍の組織拡充・肥大化に対しても確固たる規制（歯止め）規範も掲げられておらず、その蒙昧さに冷や汗をかくおもいすらする。

三　新憲法草案の自衛軍規制

新憲法草案における自衛軍規制について、一つは、自衛軍の活動の第一内容（いわゆる自衛戦争）に対して「法律の定めるところにより、国会の承認その他の統制に服する。」（第九条の二第二項）と定めたものと、もう一つは、「自衛軍の組織及び統制に関する事項は、法律で定める。」（第九条の二第四項）という概括規定の二つである。

自衛軍の活動統制に不整合というか一貫しない点がみられる。

(1)自衛軍の活動の第一内容(いわゆる自衛戦争)に対しては「国会の承認」手続という規制が明示されているのに、第二内容の国際協調の軍事活動、第三内容の緊急事態(テロ攻撃等)の治安維持活動、第四内容の大規模災害時の救助活動などに対しては『国会の承認』手続の規制が明示されていない。法律で定めたならばその手続を採るという扱いである。自衛軍の四つの活動内容に軽重が自ずとあって、かような区別をしたのであろうか。それとも、活動の第二内容以下に「国会の承認」という制約を課することを敬遠したかったのか。とりわけ自衛軍の活動の第二内容である「国際的に協調して行われる軍事活動」の発動に「国会の承認」を必要とする規制を憲法上に明示しないのは、この軍事活動が国際社会と緊迫関係をもつこと、自衛軍の主要かつ頻起なものと見込まれることが確実なだけに厳しく批判されねばならない。重大な手落ちであるといえる。

(2)自衛軍の活動の第一内容(いわゆる自衛戦争)に対して「法律の定めるところにより、国会の承認その他の統制」を課するとはいうものの、実は、「国会の承認その他の統制」という文言は、国会の承認が必置とされるのではなく、その他の統制を以って「国会の承認」に代えてもよいということであるから、法律の定め如何では、自衛軍の最高指揮権者である内閣総理大臣の「統制」あるいは防衛大臣の「統制」、内閣の「統制」でもよいことになる。要するに行政内部の統制に委ねるということで、シビリアン・コントロール(軍は国民に責任を負う

という原理、最低でも国民代表府の統制に服する原則）の趣旨が貫かれない統制方法になりかねない。(2)

（3）さらに重要なことは、自衛軍の活動および組織の統制を法律事項とし、憲法統制をすべて除外している点である。多数決で制定・改廃できる法律の規制と、改止困難な憲法による規制とでは、軍に対する統制の実効性に重要な差異がある。立憲主義の原則、すなわち、国民の権利（生命権や財産権など）と自由を国家権力から守るという憲法の存在意義に留意すれば、裸の権力といわれる自衛軍への統制を憲法から除外してはならない。このことは、現行憲法の戦力不保持・交戦権の否認規定（第九条二項）が自衛隊の活動範囲や組織の拡大・膨張を制約してきたことを考えてみれば直ちに納得がいくであろう。この点について、自民党の説明によると、新憲法草案でも現行憲法の第九条一項を踏襲し平和主義を維持するので、自衛軍の活動にも制約が及ぶという。この釈明が説得力を持たないことは、まさに自民党自身がこれまで現行憲法第九条一項を侵略戦争の禁止規定と限定解釈し、自衛戦争や国連安保理決議に基づく平和維持活動などは認められるとの見解で自衛隊の存在や海外派遣を合理化してきた経緯をみれば明らかである。第九条二項を削除することによって一項は端的にイチジクの葉にすぎないことになる。

このようにみると、自民党の新憲法草案は、自衛軍の活動範囲についても、組織の拡充に対しても明確かつ有効な規制を定めていず、むしろ逆に、自衛軍の広範囲な活動を積極的に是認し憲法規定とすることで、自衛軍の組織拡充・肥大化・膨張を狙っているということができ、その延長上に国民皆兵制＝徴兵制の導入企図も潜んでいると考える。この点は新憲法草案前文によっていつでも浮上しうるようになっている（後述）。

なお、自衛軍の統制に関連して、自衛軍の最高指揮権をもつ首相の指揮権限行使の規制についても新憲法草案は不明確である。第九条の二第二項「国会の承認その他の統制に服する」に首相の指揮権限行使の規制根拠が内在しており、したがって法律により規制内容・方法が具体化されるものと解するが、憲法上に明示的な規制規定はない。現行憲法は、行政権を一元的に内閣に属せしめて責任行政の確保および閣議（合議）に基づく行政権作用を要求しているが、新憲法草案は特定の行政権を首相が固有し内閣関与を除外否定している。首相が固有する特定行政権の一つが自衛軍の指揮権である。この変更の意味は大きい。首相の指揮権限行使の規制が軍の活動統制の核心部分である。憲法上に具体的な規制規定をもたないのは、授権規範（憲法）と制限規範（法律）の落差を考えると、規制の実効性にいちじるしい影響がでるにちがいない。懸念される問題として十分に留意されるべきであろう。

四　前文にいう国民の「自ら支え守る責務」概念の不気味さ

以上に述べてきたことは、自民党新憲法草案がもっている、自衛軍を含めた国家組織に対する憲法規制の曖昧さについてである。つぎには、自衛軍あるいは国家に対する国民自身の責務＝義務の規範化についてとりあげてみたい。憲法前文に示される「国民の責務」概念が論点である。すでに、この点についても多くの論者によって厳しく批判されている。本論の趣旨に関連する範囲内ですこしく言及しておきたい。

憲法の前文は、憲法の顔ともいわれ、またその国の見識の象徴ともいわれている。それは、憲法の制定が通常、国家権力の刷新を意図した特別の政治的事件であるから、憲法前文にはその意図の説明や正当性、刷新の論理が描かれ、憲法や国家の歴史的位相が刻印されているからである。現行憲法の前文にみる「政府の行為によって再び戦争の惨禍が起こることのないやうにする」という文言は、天皇制国家の刷新（拒否）をも含意する新憲法の、したがって新生国家の歴史的位相を示して余りあるものといえよう。

これに対して、自民党新憲法草案の前文は、国民主権や民主主義、基本的人権の尊重、平和主義といった憲法の基本原則に先んじてなによりも「象徴天皇制は、これを維持する。」（第二段冒頭）とのべ、上にみた日本国憲法前文の示す歴史的スタンス、新生日本国家の立脚点や方位を消去している。このように描かれた新憲法草案の前文をとおして、国際社会はわが国の見識（国民の政治的知性の水準）をどのように評価するであろうか。政権党の政治的マニフェストは、その国の政治頭脳を測るリトマス紙とみなされることを考えるといたたまれない心境である。

象徴天皇制の維持という志向と通底するつぎの文言が前文第三段の前半に示されている。「日本国民は、帰属する国や社会を愛情と責任感と気概をもって自ら支え守る責務を共有」することと。この文言は、第三段後半が日本国民を主語としている割には「福祉の充実を図り」とか「地方自治の発展を重視する」という述語で責任が漠然としているのに比して、国民の責務＝義務がはっきりと打ち出されている。国や社会を自ら支え守る責務とは、国のため社会のために力を尽くせ身を投げ出せという論理に他ならず、国家・自衛軍への個人の従属義務を求めているといえる。

ここには、憲法が国家権力をしばる・羈束する規範から、国民をしばる・義務づける規範へといった憲法観の逆流がみてとれる。憲法を国民統制の手段に変質させることは、近代市民革命によって獲得された国民主権主義・近代立憲主義を掘り崩していくであろうし、法規範が権利規範であるという近代法の特質をも否定しかねない(3)。

こうして、新憲法草案に規定された「国や社会を自ら支え守る責務」（前文）と、「自由及び権利には責任及び義務が伴う」（第一二条）とによって、「意に反する苦役」強制の禁止または「生命、自由及び幸福追求」の権利から違憲とみなされて否認されてきた兵役義務制（徴兵制）は、司法判断でも是認される方途が切り開かれようとしているのである。

五　たとえばドイツの憲法では

自民党新憲法草案にみる自衛軍の活動および組織拡充についての規制が実質なきにひとしい――あっても法律の定めにすべて委ねている――有り様と比較して、たとえば、ドイツ連邦共和国基本法（憲法）は、連邦軍に対する規制を多様な観点から掲げている。比較してみて落差の顕著な部分をいくつか紹介してみよう[4]。

1　軍隊の設置、出動、任務について（基本法第八七ａ条）

(1)　連邦は、国の防衛のために軍隊を設置するが、軍隊の数字上の勢力およびその組織の大綱は、毎年度の予算案から明らかになるのでなければならない。

＊予算・決算による軍組織の規模と装備保有への統制という方法で、議会の財政議決権の下に軍隊への議会統制が厳格に図られていることがうかがわれる。

(2)　軍隊は、国の防衛のために出動する場合の他は、この基本法が明文で許容している限度

においてのみ、出動することが許される。（傍点は筆者）

＊軍隊の出動に対する憲法制約が明らかである。それは当然に、軍隊への指揮権行使を制約することになるのはいうまでもない。

(3) 軍隊は、防衛上の緊急事態、および緊迫状態において、防衛任務を遂行するに必要とされる限度において、民間の物件を保護し、交通規制の任務を引き受ける権限を有する。その他、防衛上の緊急事態、および緊迫状態において、警察による措置を支援するためにも、民間の物件の保護を軍隊に委ねることができ、その場合には、軍隊は管轄官庁と協働する。

(4) 連邦もしくはラントの存立またはその自由で民主的な基本秩序に対する差し迫った危険を防止するために、連邦政府は、民間の物件を保護するに際し、……略……、警察力および連邦国境警備隊の力では十分でない場合には、警察および連邦国境警備隊を支援するために、軍隊を出動させることができる。軍隊の出動は、連邦議会または連邦参議院の要求があればこれを取り止めるものとする。

＊警察力による解決の限界を超えたばあいに軍隊が出動するという位置関係がはっきりしており、議会の要求（決定）によって軍隊の活動停止・撤退がおこなわれることも明確になっている。内閣総理大臣の指揮権に対する国会の統制を欠く自民党新憲法草案との違いは明らかである。

2　防衛活動を起動させる緊急事態の確定（第一一五a条）

(1)　連邦領域が武力によって攻撃され、または、このような攻撃が直前に差し迫っていること（防衛上の緊急事態）の確定は、連邦参議院の同意を得て、連邦議会がこれを行う。その確定は、連邦政府の申立てに基づいて行い、連邦議会議員の投票数の三分の二の多数、少なくともその過半数を必要とする。

＊いわゆる防衛戦争に軍隊を出動させる絶対要件としての緊急事態の認定確定を連邦議会（下院）が決定することとし、連邦議会議員の投票数の三分の二の多数決を要するとしている点も、国民代表議会が明白に戦争諾否決定権をもっていることをしめす。わが国の武力攻撃事態法に定める緊急事態の認定・確定主体の不明さ、また、その手続規定のなさ、なによりも憲法規範として掲示しているドイツの扱い方と比較して雲泥の差に愕然とする。[5]なお、本条の第二項〜第四項は、右にみる第一項の手続が不能な状況下で執られる例外手続を定めたものである。

3　連邦議会の国防受託者（第四五b条）

基本権を保護するため、および連邦議会が議会による統制を行う場合の補助機関として、連邦議会の国防受任者を任命する。詳細は、連邦法律でこれを規律する。

＊軍隊の諸活動によるばあいも含む国防行政による国民の基本権（人権）侵害が発生した

ばあいや、国防行政にかかわって連邦議会が直接に統制する必要のあるばあいに議会の補助機関として活動し、その統制業務をサポートする仕組みが議会に備わっている点は議会の軍統制能力を証左するものである。

以上のような軍隊・軍権行使に対する議会の多面的な統制を憲法規範事項としている国はドイツだけではない。第二次大戦後にシビリアン・コントロールの制度設計が憲法レベルで構想されるようになった傾向をうけて多数の国々にみることができる。軍の統制は、立憲主義や民主政の帰趨を左右する根幹問題だからである。それでも完全ではなく、時折軍事的パニックが起き、混乱から憲法破壊にいたる事態が伝えられている。自民党新憲法草案が自衛軍を憲法機関として地位づけることは、最低限でも軍統制の制度設計と抱き合わせるほどの用心さ、慎重さ、見識がなければならないことなのである。ところが、みてきたとおりまったくの無頓着さを露呈している。拙速で拙劣である。

かように述べていることは、ドイツほどに必要かつ十分な規範的整備をすればよいといっているのではない。自民党による自衛軍の憲法制度化が、おなじ憲法制度としてある国民の自由と権利の保護・民主的秩序の維持にいささかも考慮を払っていないということ、それどころかむしろ、憲法制度として本来的目的である国民の自由と権利の保護・民主的秩序の維持を排除し除去する形で提起されているがゆえに批判しているのである。軍統制の根幹についての認識のなさを問題としているのである。それがつぎの論点である。

六　国民の抵抗を抑える新たな方便

新憲法草案は、現行憲法の公共の福祉に代えて「公益及び公の秩序」という文言を掲げた。すなわち、「国民は、……自由及び権利には責任及び義務が伴うことを自覚しつつ、常に公益及び公の秩序に反しないように自由を享受し、権利を行使する責務を負う。」（第一二条後段）と定め、国民の自由の享受・人権の行使を公益（＝国益）や公の秩序に劣位し従属することを求めている。第一三条以後も公共の福祉はすべて「公益及び公の秩序」に差し替えられ、国益や国家の秩序に個人以上の価値を認めたのである。かような思考は、如上の新憲法草案前文にみる象徴天皇の維持・国や社会を国民自ら守れとする表現と通じているといえよう。

多くの論者が指摘しているように、公共の福祉を「公益及び公の秩序」に差し替えることによって、「国家の秩序」による上からの「人権を規制する原理」に転ずるものと考える。国益や国家秩序の優越、人権＝私益＝劣位といった論理が優勢し、国民の人権、とりわけ精神活動への規制原理として濫用されていくのではないかと危惧される。

「公益及び公の秩序」概念はイデオロギー概念であるので、解釈＝内容づけにおいて恣意が働く。国防・自衛・安全などの言説が「公益及び公の秩序」概念に装填されて、国民の権利・自由が容易に制限されるのではないかと考える。つまり、「公益及び公の秩序」概念が軍の統制にもっとも効果のある国民・メディアの批判的表現活動を抑制するために機能するということである。軍に対する抵抗の実質的主体から活動の自由＝牙をとってしまうことになり、自衛軍の保持や活動展開への規制を事実上欠く新憲法草案のもつ問題点のなかでもっとも憂慮すべき事柄であるといえる。

そもそも必要の前に制約（人権）なしという論理で保護されてきた軍事組織・軍権行使を考えると、「公益及び公の秩序」概念を掲げて形式的にも制約（人権）を否定しようとする自民党新憲法草案は、決して受け入れられるものではない。

人間の尊厳の尊重を基底とする諸個人の自由と権利の保障と、それに敵対する戦争・武力行使の否定という現代人類社会の潮流に逆行し、愚かな選択をしている自民党新憲法草案は葬り去られねばならない。

注

(1)政府・自民党が、国際社会が創出した人権規範に消極的で否定的姿勢をとっていることは国内外で周知のことである。たとえば、一九九八年一一月一九日に市民的及び政治的権利に関する国際規約（B

規約）人権委員会から日本政府に寄せられた「規約第四〇条に基づき日本から提出された報告の検討：B規約人権委員会の最終見解」の「主要懸念事項と勧告」をみると、「締約国（日本）が人権侵害の被害者を救済するための措置をとること、特に、規約の選択議定書を批准することを勧告する」（二九頁）といわれているがいまもって批准していない。B規約の選択議定書とは、個人通報制度を定めるもので、B規約で認められた権利を侵害された個人が国際機関（B規約人権委員会）に対して直接訴えを起こし、侵害国の責任を問うことができる制度である。日本政府は、一九七九年にB規約を批准し国会の批准案件承認のとき付帯決議で選択議定書の早期批准が促されたにもかかわらず放置している。外国人の人権救済には必要な個人通報制度である。

（2）憲法で禁じられ政府も抑制している自衛隊の武力行使の軍事活動があわや実施されるという行動を最近政府がとった。政府は、北朝鮮に軍事的制裁を含む措置を米国と同調して安保理決議にすべく奔走した。提案しながら採択された安保理決議に従わないという姿勢はとれないであろう。そうすると北朝鮮に自衛隊は武力行使をするはめになったのである。幸い今回は、武力行使を含まぬ制裁決議となった。国連外交が憲法上、内閣の権限であり安保理での決議行動に国会の承認は必要とされていない。こうした間隙から内閣主導で武力行使の軍事活動に突き進む危険性があったということに驚きを禁じえない。国会主導の軍統制には徹底した洞察がいかに大切であるかを教えている。富井幸雄「北朝鮮制裁『軍事』支持は国会承認を」（二〇〇六年一二月九日付朝日新聞）参照。

（3）西原博史「改憲論の目指す国家と個人の関係」、中富公一「国民が守るべき憲法」（法律時報増刊号憲法改正問題、二〇〇五年五月）を参照されたい。

（4）ドイツ連邦共和国基本法の関係規定の紹介は、高田敏・初宿正典編訳『ドイツ憲法四集』〔第三版〕（新山社、2001.3）を参照した。

（5）わが国の武力攻撃事態法における緊急事態の認定主体及び認定手続の不明確さなどの問題点について

は、本秀紀「『武力攻撃事態法案』における『対処基本方針』の決定・実施と民主的統制」（法律時報増刊号、憲法と有事法制、2003.1）を参照されたい。

第二篇　実践

第四章　現実の憲法運動から

9条連運動のこれまでとこれから

伊藤成彦

1　発足まで

「9条連」――正確にいえば「憲法9条―世界へ未来へ　連絡会」は、敗戦五〇年の一九九五年八月一五日に発足した。従って、二〇〇六年の今年で一一歳になる。

9条連の発足は、一九九五年八月だったが、その前にほぼ二年間の準備期間があった。私の記憶を辿ると、一九九三年五月半ばにＪＲ総連から三人の人が、労働者が市民と一緒に憲法九条を護る運動を創りたいので協力して欲しいと、中央大学の多摩キャンパスにある私の研究室に訪ねてきた。

一九九一年には「湾岸戦争」があり、日本政府はアメリカのブッシュ（父）政権のために多額の軍費を提供したばかりでなく、戦争の後始末に掃海艇をペルシャ湾に派遣して、初の戦地派兵を行った。それ以前から「国連平和協力法案」を国会に出して、自衛隊の海外派兵を策していた政府は、国連ではなくアメリカ主導の多国籍軍に「協力」したのだった。それで私は、「日本の選択・自衛隊をどうするか―冷戦の終結と憲法第九条の新しい意味」という論文を『軍縮問題資料』一九九一年三月号に寄稿し、さらにそれを序章とする『軍隊のない世界へ―激動する世界と憲法第九条』と題した本を社会評論社から出版して、今こそ憲法第九条を実行すべき時だ、と主張していた。おそらく私のそうした主張が、私と同様な危機感を持っていたJR総連の人たちの目に留まって、私を誘いに来たのであろう。

私は一九七〇年代・八〇年代に、総評で労働運動と一緒に反核平和の市民運動をしてきたので、労働運動と市民運動の提携・協力には慣れていたが、私が付き合ってきた岩井章さんも富塚さんも国労の出身者で、JR総連とは初対面だった。それで憲法九条を護るという趣旨には賛成だが、その場合の原則・方法などについてもう少し具体的に話し合う機会が欲しいと答えた。その後六月に入って、そういう話合いの場を設けたので来て欲しいという誘いを受けたので出掛けていくと、先日亡くなられた東大教授で歴史家の弓削達さんや明治学院大学の中山弘正さん、憲法学の樋口陽一さん、経済学の伊藤誠さんなどがおられた。そこに来られた皆さんは、おそらくは私と同じ気持ちで、憲法九条を護るという趣旨には賛成だが、そのための原則・方法などをもう少し具体的に話し合って、何よりもＪＲ総連の人たちともっと知り合おうということのように見受けられた。その結果、会を立ち上げるのを急がずに、一緒に行動する準備期間を置いて、皆の気持ちが一致したところで会を発足させようということになった。

こうして「９条連」結成への助走が始まった。私の記憶では、一九九三年に小人数で何度か集まって原則・方法を話し合って、思想・信条の違いを超えて「憲法九条を護る」という一点で結び合うことや、憲法九条を「反核・非戦・非暴力」の原理と理解して、あらゆる面でその原理を実践することなどが共通の理解となっていった。そして、一九九四年に入ると集まりの輪を拡げて会名の検討に入り、「憲法９条―世界へ未来へ　連絡会」という会名を確定した。私の記憶では、その会合には当時参議院議員だった國弘正雄さんや現広島市長の秋葉忠利衆議院議員も出席していて、「世界へ未来へ」はそのお二人の発案だったように思う。そしてその年の七月三一日に初めて大きな集会を開催してその会名を披露し、同時に共同代表の顔触れも揃い、さらに一二月七日にも大きな集会を開いて、敗戦五〇年の一九九五年八月一五日に正式に発足することを決めたのであったと思う。

一二月七日は真珠湾攻撃（一二月八日）の前日で、私は「戦争責任と『読売試案』」という題で話をした記録が残っているが、その中で私は「9条連」について次のように説明している。

「今年の七月三一日に大きな集会をいたしましたが、そこでこういう会をつくろうという話が出まして、一一月一一日に具体的にどういう会にするかという相談会がありました。そこでなんとかの会というのではなくして、どこまでも九条を守ろうという一点で一緒になれるいろいろな考えの人、立場の人、思想・信条は九条以外では違っても、九条を守るという一点でつながっていく、そういう意味では連絡会がいいのではないかということで、この『憲法9条―世界へ未来へ　連絡会』となりました」

2　発足

「憲法9条―世界へ未来へ　連絡会」は、敗戦五〇年の一九九五年八月一五日に埼玉県大宮市のソニックシティー大ホールで発足した。この発足集会には、八〇年代にニュージーランドの首相として「非核法」を制定して、アメリカの核兵器搭載艦船の入港を断ったデイヴィッド・ロンギ氏が特別ゲストとして参加して記念講演を行った。

その時はフランスがロンギさんの国ニュージーランドの鼻先の南太平洋で大型の核兵器実験をする直前で世界中が騒然とし、ロンギさんも先ずその問題に触れて、ニュージーランドは政府も国民もフランスの核実験に強く抗議している、と語った。それからロンギさんは、「もし日本が平和憲法を放棄したら……」という問題を取り上げて、「もし日本が平和憲法を放棄したら、まず世界が不安定、不確実になるでしょう。特に日本をめぐるアジア・太平洋の地域に、非常に大きな不安と不確実性がもたらされることになります。一方、二一世紀の日本は、平和憲法を通して世界の平和的発展の建設者で、その可能性を持った国として知られることになるでしょう」と語った。

これはロンギさんが私たち日本人に残したいわば遺言だった。その時ロンギさんはすでに健康を害して夫人が付き添い、その後は日本に来られることなく、ちょうど一〇年後の二〇〇五年八月に六三歳で亡くなったからだ。

ロンギさんの記念講演に続いて私は「基調講演」をする役割だったが、割り当てられた時間が二〇分間だったので、「講演」ではなく「発足宣言」のような話をした。今その記録を見ると、先ず冒頭で、9条連に取っての「三つの選択」を上げている。第一の選択は、「核兵器の抑止力という神話を維持し続けるのか、核兵器全廃を目指すのか」という選択。第二の選択は、核兵器の廃棄だけでなく、通常兵器の廃棄も同時に取り上げて、「軍備を全廃して飢餓、貧困、抑圧のない世界を創り出す」こと。第三の選択は、当時ヴァイツゼッカー元西ドイツ大統領を委員長とする国連改革委員会が発表した改革案―「安保理事会中心の国連ではなく、経済社会理事会に活動の重点を移し、経済理事会と社会理事会を分離して、それぞれの理事会に下部機構を設置して、南北格差の是正、貧困・飢餓の絶滅と取り組む」―を支持し、実現すること、の三つだった。

また日本国内での当面の課題として、私は三つの課題を上げた。その第一は、「侵略戦争と植民地支配の過去を百年前の日清戦争にまで遡って反省・清算すること。第二に、一九九五年を憲法九条を実行する元年として、二一世紀までの五年間に自衛隊を毎年五分の一ずつ縮小して二一世紀までに憲法九条を完全に実行すること。第三に、米軍への「思いやり予算」を本当に「思いやり」を必要としている人たちに振り向け、日米安保条約を日米友好条約に変えて、米兵を国に帰してあげること。「冷戦が終わった後に、何のために米軍が日本にいなければならないのか。米兵は故郷に帰りなさい」と。

今、この記録を読み返して見ると、夢のような理想論を語っているように見えるが、冷戦終結後の一九九五年にこう語ることは、決して夢のような理想論ではなかった。それからわずか一〇年間に、周辺事態法や有事法制ができ、日本の自衛隊三軍はインド洋にイラクに派兵され、「米軍再編」によって首都圏に米国第一軍団司令部が置かれ、岸信介の孫の安倍晋三が首相になって、教育基本法、憲法を改定して日本を軍事国家に変える政治が当たり前のように進行している。

これらは、9条連発足以来のわずか一〇年間に、日本の政治は前進するどころか、一〇年前の選択と課題が夢物語に思われるほどに退歩して悪化したことを示すものに他ならない。

そしてその意味では、私が一一年前に9条連の選択・課題として述べたことは、「9条連発足の原点」として、今なお少しも変えることなく、今日の9条連の選択・課題として、そっくりそのまま掲げてもさしつかえないものと思うほどだ。

3　未来へ

9条連運動のネットワークは、発足以来一一年間にほとんど日本全国に拡がった。各県に一つという訳ではなく、各県の事情に応じて三ヵ所の県も四ヵ所の県もある。東京に最初につくった9条連全国事務局は、「本部」でも「中央」でもないが、しかし9条連運動がこれだけ各地に拡がると、どこかが連絡センターの役割を負わなければならない。それで年一回、交流の場として「総会」が設けられて、今年で八回を数えた。

また二〇〇五年七月から多くの市民団体と協力して「9条フェスタ」という平和祭を始め

た。二〇〇五年の「9条ソェスタ2005」は東京・御茶の水の中央大学駿河台記念館二階大ホールをメイン会場にして、約五〇団体で主催し、老若男女一〇〇〇人が参加した。記念講演はアメリカの「9条の会」の創始者チャールズ・オーバービー博士。八〇歳を越えるオーバービー博士はアメリカを象徴するアンクル・サムの扮装で登場して、「9条フェスタ」を盛り上げた。

今年の「9条フェスタ2006」は、一〇月一日（日）に東京・大井町のきゅりあん全館を借り切って行い、七六団体が主催し、一八〇〇人の老若男女が参加した。

9条連の国際的活動も広がっている。二〇〇三年一月にインドのハイデラバード市で開催されたアジア地域社会フォーラムに参加し、二〇〇四年一月にはやはりインドのムンバイ市で開催された世界社会フォーラムに参加して「日本憲法9条フォーラム」を開き、そして翌二〇〇五年一月にブラジルのポルト・アレグロで開催された世界社会フォーラムでも「憲法9条フォーラム」を開いた。また二〇〇六年六月にカナダのバンクーバー市で開催されたワールド・ピース・フォーラムにも9条連代表が参加した。

もう一つ重要な活動は「世界へ未来へ　9条連ニュース」の発行で、購読者は9条連会員を越えて拡がって平和運動のメディアの役割を負い、二〇〇六年一〇月現在一四二号を数えている。

では、これからどうするか？　それは全国各地で毎月討論を重ねながら未来を切り開いて行くことになるが、9条連運動の全国展開は、「9条の会」の全国展開と共に、九条を守る上で貴重な土台だ。安倍首相は全面改憲を五年で成し遂げると豪語しているが、逆に私たちが安倍首相を一期（三年）で退陣させて、憲法九条を守り抜く。そのせめぎ合いを勝ち抜くために、9条連も「9条の会」もセクト主義に囚われることなく、おおらかに手を取り合って安倍内閣打倒の共同闘争を展開したいと思う。

歴史を振り返って――平和憲法の擁護

木戸田四郎

1　戦争の被害

一九二九（昭和四）年四月小学校入学の私たちには、ようやく学校生活になれた十月、ニューヨーク株式市場の大暴落が伝えられ、その影響は全世界に及んだ。約半年後には日本国内にも不況が到来した。不況の深刻さは、今日の若者たちにとっては、とても理解し難いほどの深刻さであった。最近多くの国民が経験した一九九〇年代の長期不況と比べても、比較にならないほどの厳しさであった。私の郷里那珂郡菅谷村（現在那珂市）は平凡な農村地帯で、米麦など普通農作物の生産を中心としていたが、小学校では昼食に弁当を持ってこられない児童が多数いた。貧農たちは、生活のため自家食料さえ販売してしまい、児童達には弁当を持たせられなかったのである。

当然政府も種々対策を講じた。その代表として、各地で貧農救済の目的で土木事業を起こし、農民を俄に土工として雇用し、生活を救ったのである。町村合併前の各村には、救済道路として昭和恐慌の名残を、つい先日まで残していたが、最近はその面影を見ることが出来なくなった。赤字財政の限度まで振り絞っての、これらの不況対策事業も見るべき成果を挙げられず、国民は長い間不況からの脱出策を、必死に模索していた。これらの対策の中で、反動勢力と一部の軍人たちは、対外侵略による景気回復策の強行へと世論を誘導していった。勿論一部には、これを強く批判し、国内民主化の経済政策の実施による、景気回復策の提唱も行われた。有名な日本資本主義論争も、このような状況のもとで、重要な提言を意図した革新勢力の政策提言論争であったから、インテリを巻き込んだ学界の注目される論争となって、国民の大きな関心を呼んだが、世論を誘導するほど有力な勢力となることはできなかった。それどころか、この学術論争は不穏当な政治論争として警察権力によって厳しく弾圧され、論争に参加したり関心を持った多くの有為な研究者や市民が、権力によって職場から追放されてしまった。

事態は、国民の期待とは全く逆の方向へ向かって進んでいた。一九三一（昭和六）年九月には、中国東北部（満州）に派遣されていた関東軍が、奉天（瀋陽）東北方の柳条湖で満鉄線を爆発させ、これを中国軍が南満州鉄道の線路を爆発したと偽り、中国軍の兵営を奇襲攻撃して満州事変を誘発し、以後日本は十五年戦争に突入し年々戦況は悪化した。特に一九四一（昭和一六）年一二月、米英蘭三国との開戦以降戦況は悪化の一路を辿り、遂には国土を焼土と化し、三百万国民の人命を犠牲にしたばかりでなく、アジア各地で外国人二千万を越える犠牲者を出して、敗戦を迎えることになった。この間、アジア各地で日本軍々人がおこなった残虐な行為は、戦後六十年を経過した今日でも、なお償いきれないほどの惨禍を残している。国内ではアメリカ空軍の攻撃による被害も深刻であった。広島・長崎の原爆被害のほか、大都市への無差別爆撃による被害も甚大であり、筆舌に尽くせぬ惨苦を一般民衆が味わうことになった。支配勢力は、どうにもならない戦況の下で、ようやくポツダム宣言の受諾を決意し、一九四五年八月十五日ついに無条件降伏した。

2　深刻な戦禍の中から

敗戦直後の日本は、誠に悲惨な状態であった。人々は戦争中に、日夜訪れる空襲から解放はされたが、住む家もなく食べる食料のない人々が、街頭に溢れる状態であった。街も工場も破壊され、失業者が群をなしていた。このような状況の克服と、国家再建の指針として一九四六（昭和二一）年一一月三日、日本国憲法が公布された。

一九四三（昭和一八）年学徒出陣して学業から遠ざかっていた私たちは、敗戦後大学に戻ることができた。私は、一九四六（昭和二一）年四月大学に入学して、早速憲法の講義を聴いた。

九月までが明治憲法の講義で、十月から新憲法の講義となった。大変幸いなことに一年間で明治憲法と、平和憲法の講義を受けることができた。一年間に本質のまるで異なる二つの憲法の講義を受けたのだから、内容はそれだけ薄くなったが、二つの憲法を対比できて有り難かったというより、大きなショックをうけた。特に、第九条の解説については、教授の説明の苦労をひしひしと感じることができた。ごく最近まで戦地を駆けめぐり、生還したばかりの学生たちに、この第九条をどう説明したらいいのか、講義をうける私たちにも、教授の苦悩がよく分かった。しかし、講義を受ける私たちにとっては、余りに現実ばなれして空々しく、よく理解できなかった。いや、頭では理解できても、心の底から納得できないと言うのが、本音であった。

3　九条の有り難さを実感

誠に恥ずかしい次第であるが、憲法第九条の有難さを痛感するようになるのは、一九五〇年五月に朝鮮戦争が勃発し、わが国と最も近い朝鮮半島で厳しい戦争が激化してからであった。朝鮮半島の南北二か国の間で、激しい戦闘が繰り広げられたばかりでなく、しばらくしてアメリカ軍を中心とした国連軍が韓国軍を支援して戦闘に参加した。やがて苦境に立った朝鮮民主主義人民共和国軍を支援するため、今度は中国人民義勇軍が戦争に参加した。朝鮮半島では三十八度線を挟んで、世界の二大強国が戦争に参加して死力を尽くして闘い、一進一退の攻防戦を展開することになった。私たちは、日々伝えられる凄惨な戦況を、固唾を呑んで見つめると共に、私たちが経験した戦争を思い出しながら、一日も早い休戦を願った。

しかし、戦争は一旦火蓋が切られると、簡単にかたのつく問題ではなかった。ましてこのたびの戦争は、事実上世界の二大強国が真っ正面から戦う形となり、何れの国も負けられない厳しい戦争となってしまった。日本はアメリカ軍の重要な兵站基地となったから、経済的に膨大な軍事需要を賄う立場に立たされ、太平洋戦争で焦土と化した軍需工場を再建する機会を与えられ、日本全体が復興景気にわくことになった。しかし、アメリカ軍の補給基地としての機能を担うため、一面で国民は厳しい犠牲を強いられることになった。最大の苦痛はレッドパージであった。全く関係のない国民は、共産党員であるというただそれだけの理由で公職から追放され、言論・出版でも数えきれない制限をうけることになった。その影響は、国民生活の各方面に拡がり、特に政治活動や労働運動・市民運動で、各種の制限をうけることになった。日本国民は、一方では軍需景気で生活が豊かになりながら、日常生活特に精神生活では、戦争同様の被害を直接経験することになった。市民生活では、購読している新聞や雑誌をはじめ専門書についてさえ、読書傾向が監視されているような生活であった。わたしは一九五二（昭和二七）年四月、大学助手に採用されて赴任したが、研究室の書架を見に来た先輩教授から、マルクス関係の書籍にはカバーをかけるよう、助言をうけた時のショックを五十年余を経た現在でも、まざまざと思い出す。地方大学ではレッドパージが厳しい影をを落としていた。苛烈な戦闘は、一九五三（昭和二八）年七月休戦協定の調印によって、ようやく一段落した。

太平洋戦争の窮乏生活から、ようやく脱出の気配を感じたとき、私たちは逆に戦時中の厳しさを、強く思い出すような雰囲気が、身辺に忍び寄ってきた。私たちは、この時しみじみと平和憲法を読み返す機会を、与えられることになった。少なくとも、私はそのような気持ちを深くし、重ねて憲法前文と第九条を読みなおして、素晴らしさに感銘をうけた。大学において教授が、私たちに向かって諄々と説かれた「戦争の放棄、戦力の不保持、交戦権の否認」の意味を、身をもって理解することが出来た。このような経験を持ったのは、私一人ではなかったように思う。

4　ヴェトナム戦争で、九条の重要性をさらに痛感

苛烈な朝鮮戦争が、休戦協定の締結で一段落したと思っていたら、間もなくインドシナ半島の情勢が不安定になってきた。朝鮮半島で休戦協定が成立した翌年五月には、ヴェトナム人民軍が要塞ディエンビエンフーの攻防戦でフランス軍に勝利すると、アメリカ軍が代わって戦場に登場してきた。一九六四（昭和三九）年八月、アメリカはヴェトナム軍が米軍艦を攻撃した

と発表して、空軍による北ヴェトナムの無差別爆撃を敢行したとき、戦況は一変した（ヴェトナム軍のアメリカ軍艦攻撃の事実は、全くの虚偽であったことが、アメリカ当局の発表で、後日明らかになった）。

ヴェトナム戦争が激化したとき、朝鮮戦争のように、苛烈で長期におよぶ戦争になるとは、ほとんどの人が考えていなかった。「戦争は二ヵ月以内に、アメリカの勝利をもって終わる」というのが、軍事専門家一般の見方であり、朝鮮戦争で日本経済が復興したようなことは再び起こらないと、新聞では戦争景気への期待を強く戒めていた。当時日本は、朝鮮戦争による軍需景気の影響が既に消え、深刻な不景気の様相を呈していたから、一部では再び軍事需要による景気回復を、強く期待する声が聞かれた。一方、ヴェトナムでは、アメリカ空軍の苛烈な爆撃が敢行され、爆撃の生々しい光景が大々的に報じられた。私は、太平洋戦争期に日本が受けた空襲の凄まじさを思い起こし、ベトナム民衆の被害に胸を痛めた。そのような新聞記事を、今も鮮明に記憶している。

戦争は、大方の予想を覆して長期化していった。しかも、戦争の長期化と共にアメリカ軍の苦戦が、報道されるようになった。「枯れ葉作戦」と呼ばれる化学兵器を使用した非人道的作戦ばかりでなく、子供や婦人を多数犠牲にする無差別攻撃も生々しく報道され、私たちはヴェトナム民衆の苦労に深く同情した。攻撃するアメリカ側にも、多数の犠牲者が出ていることも報道され、戦争の酷さをつくづく思い知らされた。私たちは、憲法第九条で守られている有難さと、平和の尊さを再び痛感した。結局、この戦争でもアメリカ軍は勝利を収めることができず、大きな犠牲を払っただけで敗退した。私たちは、直接の被害を受けることなく、平和な生活を維持することができた。

この戦争でも、日本はアメリカ軍の兵站基地として重要な役割を果たし、経済的には大きな利益を得ることができた。しかし、この戦争を契機にして、国内ではアメリカからの膨大な軍需で味を占めた独占資本家を中心に、その政治的代弁者たちが参加して再軍備論が呼ばれるようになり、そのために憲法改正論が新しいかたちで強まり、勢いは日ごとに高まることになった。再軍備のための憲法改正論は、既に早くから論じられていた。一九五四（昭和二九）年三月には自由党の憲法調査会が発足し、安倍総理大臣の祖父岸信介が、その会長に就任していた。勿論、平和憲法の擁護を目指す勢力も、早くから活動を開始しており、同じ年の一月には憲法擁護国民連合会を組織し、片山哲が議長に就任して、活動していた。平和憲法の擁護を目指す勢力も、改憲を目指す勢力も共に一九五〇年代半ばから、それぞれ活動をはじめていた。その運動が朝鮮戦争やベトナム戦争を契機に、段々と現実味をおびることになった。私たちはこの時期から、平和憲法擁護の運動を強化していた。

5　9条の危機にどう対応するか

二〇〇五年九月、総選挙による自民党圧勝を背景に、教育基本法の改正が急速に日程にのぼり、あわただしく衆・参両院で可決されてしまった。次に控える最大の課題は、憲法改正問題と考えられる。もっとも、憲法問題の審議の前に解決しておかねばならない課題が、幾つか控えており、今日明日に憲法改正問題が国会に提出されることはないであろう。しかし、既に安倍首相は憲法改正問題を最大の課題として明言しているから、早晩この問題が国会の議案として登場してくることは、間違いないと考えられる。そのときの最大の問題は、間違いなく憲法第九条であろう。

勿論、憲法問題は第九条に限ったことではない。全文百三条からなる現憲法には、検討すべき多くの課題が沢山を含んでいるから、九条問題以外にも検討すべき問題は山積しているが、最重要問題は第九条の取扱いであることは、衆目の一致するところである。私たちとしては、この第九条は死守しなければならない問題であるが、国会の議員構成を考えると、それは大変難しい問題である。私たちは、この難問にどう対応すればよいか。現在国会の議員構成から考えて、国会内に運動を限定しては、どうみても私たちに勝算はないと考える。圧倒的に多数の国民が、九条を守る国会内の勢力と協力して、国民投票の場で平和憲法死守の行動に立ち上がるときにのみ、私たちは勝利することができるのではなかろうか。

しかし、この課題は大変重い。いかにして国民投票に勝利するかを、いまこそ真剣に国民一人一人が考え、互いに協力して行動することが、切実に求められていると考える。いま、日本国内では平和憲法を守り、憲法九条を死守しようとする運動が、各地に起こっている。九条の会・憲法行脚の会・九条連その他、何としても九条を死守しようとする人達の組織が、津々浦々に組織され活動を始めている。この動きを更に何倍も何十倍にも拡大し、運動を充実させることによってはじめて、九条擁護はなし遂げられるのではなかろうか。現在の動きを何倍も何十倍も、いや何百倍にも拡大して活動を活発化したとき、私達の運動は成功すると確信する。問題は、この運動を何百倍に拡大し、活性化させる方法の確認と行動化であろう。夢のような話であるが、組織化の原則と方法さえ確立すれば、それは可能であると考える。最近、私たちの周辺でも、そのような原則を立てて活動をはじめている事例が幾つか見られる。常陸大宮市や笠間市における組織活動の事例は、私たちの運動に大きな指針を与えていると考えられる。笠間市の会では「会の姿勢」として(1)「憲法を守る」一点で結びついたゆるやかな会(規約なし)、(2)いかなる政党・政派・宗派の支配を受けない自立した会、(3)セクトをもたない(会の外での活動は自由)、(4)財政は募金でまかなう(会費なし)、(5)幅広い会になるように努力(○○党系とならないように)の五点をあげているが、これらの組織原則は大変注目される。一見平凡な行動原則のように見えるが、このような組織原則・行動原則の確立こそ、現在私たちに切実に求められている原則ではなかろうか。

6　九条を守る市民運動の展開

いま九条擁護を考えるとき、その活動を指導するのは政党であり、日本共産党・社会民主党・新社会党の活動に期待したい。民主党にはどこまで期待していいのか、正直言って分からない。九条擁護の立場からは、日本共産党・社会民主党・新社会党の三党の活動には、心から期待したいが、議席数からいって活動に限界があり、戦いの主戦場は国民投票の場とならざるをえないであろう。ここでは国民投票の過半数を、いかにして獲得するかに視点を集中して考えてみたい。

国民投票は、極めて重要な政治活動であるから、この運動を組織し指導するのは、前述した三党であろうが、現在三党の指導に依存するだけでは、勝利の展望を期待することは出来ないだろう。これを補う組織として、私たちは労働組合に期待したいが、この組織にも六〇年安保闘争におけるような活動は、とても期待出来そうにない。しかし、各種の市民運動は最近めきめきと力をつけてきている。各種の市民団体が、平和憲法擁護を共通の目標として団結し、相互に協力して持続的活動を、全日本的に展開するならば、国民投票に勝利する展望は開けてくると考えられるが、いかがであろうか。先に紹介した笠間市での運動のように、政党・政派の枠を超え、「平和憲法を守る」の一点で団結した活動を日常化し、日本各地域での九条擁護勢力が、国民投票で過半数の得票を目指して活発な運動を展開するとき、勝利の展望は初めて開けてくると確信する。

〔補説〕

7 市民運動の飛躍的発展と持続的継続

私たちが憲法第九条を死守しようとすれば、その決戦場が国民投票の場となることは明らかである。そして、この国民投票で過半数を獲得することの難しさは、私たちの想像を絶するものであることも、間違いないであろう。この困難な課題の克服を覚悟した以上、それが如何程困難な課題であるかについては、よくよく考えておかねばならないだろう。

平和憲法擁護のためには、国民投票で有権者の過半数を、組織しなければならない。そのためには、平和を愛し第九条を守ることに同意する国民とは、思想信条を超えて誰とでも団結し、一緒に行動する努力を怠ってはならない。この運動には暴力を持ち込まず、平和的活動の中で相互に協力して、有効投票の過半数獲得を目標として、組織化をやりとげなければならない。この目標が決まったら、運動を有効に展開するため、参加者はそれぞれの立場で、運動展開の戦略をねり、出来るだけ協力の輪を拡げなければならない。私たちのこれまでの経験では、戦略を軽く見過ぎて、思わざる失敗を重ねたのではなかろうか。今度の運動では、出来るだけ能率的で有効な戦略を立て、長期的展望に立った運動が求められていると考える。

本来市民運動には、このような条件は必須であったのだが、これまでは経験が足りず、重要問題をやや軽視してきたように、考えられる。出来るなら、時代と共に変化した、過去百年間の市民運動を振り返り、さらに今後百年位の市民運動を展望しながら、当面の戦略を検討しては如何であろうか。そうすると、従前の市民運動の経験の中で戦略の練り直し、運動を正しく進めることが出来るのではなかろうか。これまでの運動を振り返ると、運動の高揚期と停滞・沈滞期の格差がひどすぎ、特に一時期の停滞後に、運動の継続が困難になった場合が多い。是非今度の運動では、過去百年の市民運動の経験に学び、かつ百年後の将来を見据えながら、私たち自身で運動を展開してはどうであろうか。

考えてみれば、日本の市民の誕生は小商品生産の段階（小ブルジョワの成立期）であり、既に百年を越える歴史を持ち、無数の市民運動を経験してきた。私達の故郷では百三十年前に真壁郡と那珂郡で地租改正反対一揆の経験を持っている。この一揆の直後には岐阜・愛知等四県の農民一揆がつづき、成立間もない明治政府の屋台骨を大きく揺さぶり、租税の大幅減税（約二十五パーセント）を勝ち取る契機となった。重税に苦しんでいた日本各地の民衆が、「竹槍でちょいと突き出す二分五厘」と歌って、茨城や岐阜・愛知など四県農民の勇気ある行動を称賛すると共に、一揆に参加した農民たちの苦労をねぎらった。二〇〇六（平成一八）年十二月九日には、那珂郡一揆の中心地常陸大宮市上小瀬に立つ義民顕彰碑の前で、記念集会が催され、住民たちは更なる運動の展開を誓い合った。明治九年の地租改正反対一揆では、明らかに地域住民が多数団結し、明治政府と茨城県に対して、切実な要求を提示して勇敢に闘った。それはまさに、日本中の農民の極めて強い要求であったから、国民の強い支持を受け、明治政府もその要求を受け入れざるを得なかった。地元の事情を調査してみると、運動のリーダーたちには富裕層が多く、民主主義に目覚めた小ブルジョワたちが、近代的感覚に立って政府に対して、敢然と闘っていた。今日常陸大宮市で九条を守る運動が、多数市民の参加を求めながら、極めて幅広く展開されていることに、市民運動における歴史と伝統の意味を痛感するが、現代の市民運動が、高度に発展した資本主義段階の市民運動であることも、正しく認識しておかねばならないであろう。

今日私たちは、憲法によって集会結社の自由・言論の自由も保障されているので、堂々と団結し発言して、行動する自由を持っている。この環境の中で広く仲間に訴え、団結して平和憲法を守る運動を、展開することができる。問題は、いかにひろく且つ日常的に仲間に訴え、組織するかにかかっている。私たちに与えられ、保障された自由を如何に有効に使って、有権者の過半数をどう結集するかの問題の解決は、当面私達自身に課せられた課題であり、その方法を見つけ出し行動することが差し迫った課題として、私たちに迫っている。一人でも二人でも多く、そして出来るだけ多数の仲間と連帯し、有権者過半数の組織化を目指して行動を起こすことを、強く求められていると考える。この課題克服のため、私たちは確実な戦略を立て、活動を日常化しながら幅広く、運動を展開しなければならないと考える。

中学生の憲法学習今昔

伊藤純郎

はじめに

前文

日本国民は、正当に選挙された国会における代表者を通じて行動し、われらとわれらの子孫のために、諸国民との協和による成果と、わが国全土にわたって自由のもたらす恵沢を確保し、政府の行為によって再び戦争の惨禍が起ることのないやうにすることを決意し、ここに主権が国民に存在することを宣言し、この憲法を確定する。そもそも国政は、国民の厳粛な信託によるものであって、その権威は国民に由来し、その権力は国民の代表者がこれを行使し、その福利は国民がこれを享受する。これは人類普遍の原理であり、この憲法は、かかる原理に基くものである。われらは、これに反する一切の憲法、法令及び詔勅を排除する。

日本国民は、恒久の平和を念願し、人間相互の関係を支配する崇高な理想を深く自覚するのであつて、平和を愛する諸国民の公正と信義に信頼して、われらの安全と生存を保持しようと決意した。われらは、平和を維持し、専制と隷従、圧迫と偏狭を地上から永遠に除去しようと努めてゐる国際社会において、名誉ある地位を占めたいと思ふ。われらは、全世界の国民が、ひとしく恐怖と欠乏から免かれ、平和のうちに生存する権利を有することを確認する。

われらは、いづれの国家も、自国のことのみに専念して他国を無視してはならないのであつて、政治道徳の法則は、普遍的なものであり、この法則に従ふことは、自国の主権を維持し、他国と対等関係に立たうとする各国の責務であると信ずる。

日本国民は、国家の名誉にかけ、全力をあげてこの崇高な理想と目的を達成することを誓ふ。

昭和四七年（一九七二）秋、信州伊那谷の中学校で私が受けた憲法学習は、日本国憲法の前文を暗記することから始まった。社会科の時間に生徒一人ひとりが暗誦したのか、職員室の先生の前で暗記の成果を披露したのか、記憶は定かではない。しかし、「日本国民は、正当に選挙された国会における代表者を通じて行動し、……」で始まり、「日本国民は、国家の名誉にかけ、全力をあげてこの崇高な理想と目的を達成することを誓ふ」で終わる前文をひたすら頭に叩き込んだことだけは、あれから三十数年後の現在でも鮮明に覚えている。もっとも、本稿で前文を書き下ろし、前文が歴史的仮名遣いで書かれていることを初めて悟るような〝元中学生〟だから、恵沢・詔勅・隷従・偏狭などの言葉の意味を当時どの程度理解していたかはわからない。

ところで、ゼミの大学院生に憲法学習の思い出を聞いてみたところ、「概念図を用いて日本国憲法の三大原則を覚える」（石川県出身、先生は四〇歳代）、「語句を穴埋めして前文を完成させる小テスト」（神奈川県、四〇歳代）、「第九条、戦争の放棄を徹底的に学習した」（千葉県、三〇歳代）、「第一一条、基本的人権を学習した」（山形県、三〇歳代）などが印象に残るとのことであった。いずれも今から八・九年前、平成九・一〇年における憲法学習の思い出である。大学院教育研究科教科教育専攻社会科教育コースという、将来中学校社会科・高等学校地理歴史科・公民科の教員を志望し、日本国憲法に対して比較的関心が高いと思われる彼ら・彼女らにしても、中学校時代の憲法学習の思い出や記憶はそれほど鮮明ではないようだ。ちなみに前文に関して、前文を暗記した時期は小学校六年生社会科（千葉県）から高等学校公民科政治経済（山口県）まで幅があり、前文の暗記を体験した大学院生は意外と少なかった。

本稿では、右のような状況をふまえ、戦後の中学校社会科においてどのような憲法学習が行われてきたかを、戦後最初の憲法学習の教科書である文部省『あたらしい憲法の話』（昭和二二年）と現行の学習指導要領（平成一〇年告示）による教科書の記述を対象に考察する。理由は、憲法改正問題をテーマとする本書に寄稿するにあたり、大学で日本近代史や歴史教育学を講じる者として、教科書に描かれた日本国憲法を検討することは、憲法問題を考えるうえで有意義な基礎作業と考えたことによる。

一　文部省『あたらしい憲法の話』

『あたらしい憲法の話』は、日本国憲法が施行された三ヵ月後の昭和二二年（一九四七）八月二日付で、新しく義務教育となった第七学年（中学校一年生）むけの「憲法読本」として翻刻発行された全五三頁の小冊子である。著作兼発行者は文部省、発行所は実業教科書株式会社、定価は二円五〇銭で、奥付には英語で“Approved by Ministry of Education (Date July 28 1947)”と記された。

『あたらしい憲法の話』の内容は、憲法、民主主義とは、国際平和主義、主権在民主義、天皇陛下、戦争の放棄、基本的人権、国会、政党、内閣、司法、財政、地方自治、改正、最高法規の計一五項目で構成され、文章は、以下に示すような中学生でも理解できる、わかりやすいものであった。

みなさん、あたらしい憲法ができました。そうして昭和二十二年五月三日から、私たち日本国民は、この憲法を守ってゆくことになりました。このあたらしい憲法をこしらえるために、たくさんの人々が、たいへん苦心をなさいました。ところでみなさんは、憲法というものはどんなものかごぞんじですか。じぶんの身にかゝわりのないことのようにおもっている人はないでしょうか。もしそうならば、それは大きなまちがいです〔一　憲法〕。

また、文章とともに大小一一枚の挿絵も掲載された。左図は〔六　戦争の放棄〕の項（一九頁）に掲載され、現行の社会科教科書でも紹介される有名な挿絵である。

この『あたらしい憲法の話』が、昭和二二年度は社会科〝副教材〟、翌昭和二三・二四両年度は社会科〝教科書〟、昭和二五・二六両年度は社会科〝補助教材〟として、中学生の憲法学習に使用された。初年度の昭和二二年度は第七学年から第九学年（中学校三年生）までのすべての生徒と教師、成人教育用として計五五〇万冊が発行されたほか、ＰＴＡ用として二一万冊、復員者用として一万冊が用意されたという。戦後の憲法学習は『あたらしい憲法の話』とともに始まっ

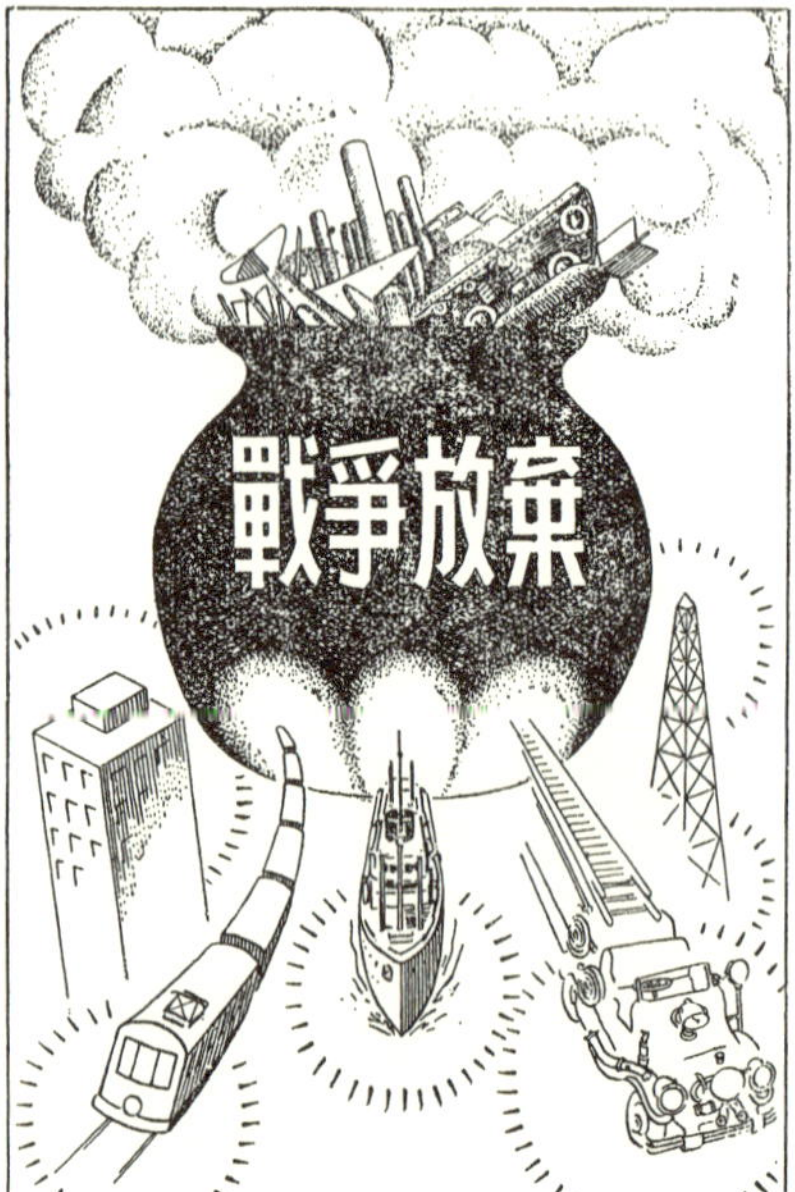

たのである。
さて、『あたらしい憲法の話』の詳細な内容や問題点に関しては先行研究（例えば森英樹・倉持孝司編『新あたらしい憲法のはなし』日本評論社など）に譲り、『あたらしい憲法の話』を現在の中学校でテキストとして使用する場合の留意点を二つ指摘しておきたい。

これまであった憲法は、明治二十二年にできたもので、これは明治天皇がおつくりになって、国民にあたえられたものです。しかし、こんどのあたらしい憲法は、日本国民がじぶんでつくったもので、日本国民ぜんたいの意見で、自由につくられたものであります。この国民ぜんたいの意見を知るために、昭和二十一年四月十日に総選挙が行われ、あたらしい国民の代表がえらばれて、その人々がこの憲法をつくったのです。それで、あたらしい憲法は、国民ぜんたいでつくったということになるのです。

みなさんも日本国民のひとりです。そうすれば、この憲法は、みなさんのつくったものです。みなさんは、じぶんでつくったものを、大事になさるでしょう。こんどの憲法は、みなさんをふくめた国民ぜんたいのつくったものであり、国でいちばん大事な規則であるとするならば、みなさんは、国民のひとりとして、しっかりとこの憲法を守ってゆかなければなりません（一　憲法）。

一つ目は、「国民のひとりとして、しっかりとこの憲法を守ってゆかなければなりません」

という一節に象徴される、「憲法は国民が守るもの」という考えである。この文章を読むほとんどの中学生は「憲法は国民（国民ぜんたい）が守るもの」と理解するのではなかろうか。「憲法は国民が守るもの」という考えは現在の教育現場でも根強いようだ。事実、「憲法は誰が守るの」という問いに対する大学院生の答えのなかには少なからず「国民」があった。

しかし、前文や日本国憲法第九九条「天皇又は摂政及び国務大臣、国会議員、裁判官その他の公務員は、この憲法を尊重し擁護する義務を負ふ」〔憲法尊重擁護の義務〕から明らかなように、憲法を守るのは国民ではなく、天皇、国務大臣、国会議員、裁判官、公務員など統治機構の担当者である。

憲法は、国家権力の濫用から国民を保護するために、国民が作った法律である。国民の役割は、統治機構の担当者が「憲法尊重擁護の義務」を厳守して統治機構に携わりその責務を果たしているかを監視することであろう。国民の役割とは「憲法を守る」ことでなく、統治機構の担当者に「憲法を守れ」と命じることであることを理解させたい。憲法が国家権力を規制しているのである。

二つ目は、「主権在民主義」を正しく理解させることである。

こんどの戦争で、天皇陛下は、たいへんごくろうをなさいました。なぜならば、古い憲法では、天皇をお助けして国の仕事をした人々は、国民ぜんたいがえらんだものではなかったので、国民の考えとはなれて、とうとう戦争になったからです。そこで、これからさき国を治めてゆくについて、二度とこのようなことのないように、あたらしい憲法をこしらえるとき、たいへん苦心をいたしました。ですから、天皇は、憲法で定めたお仕事だけをされ、政治には関係されないことになりました。

憲法は、天皇陛下を、「象徴」としてゆくことにきめました。みなさんは、この象徴ということを、はっきり知らなければなりません。日の丸の国旗を見れば、日本の国をおもいだすでしょう。国旗が国の代わりになって、国をあらわすからです（中略）。

このような地位に天皇陛下をお置き申したのは、日本国民ぜんたいの考えにあるのです。これからさき、国を治めてゆく仕事は、みな国民がじぶんでやってゆかなければなりません。天皇陛下は、けっして神様ではありません。国民と同じような人間でいらっしゃいます。ラジオのほうそうもなさいました。小さな町のすみにもおいでになりました。ですから私たちは、天皇陛下を私たちのまん中にしっかりとお置きして、国を治めてゆくについてごくろうのないようにしなければなりません。これで憲法が、天皇陛下を象徴とした意味がおわかりでしょう〔五　天皇陛下〕。

「天皇陛下」、「日の丸の国旗」という表現も問題であるが、右の文章を整理すると、戦争で天皇は苦労した→新しい憲法を作り、天皇は象徴とした→「天皇陛下を私たちのまん中にしっかりとお置きして、国を治めてゆくについてごくろうのないように」→「国を治めてゆく仕事は、みな国民がじぶんでやってゆかなければなりません」となる。これでは「主権在民主義」がいったい誰のためのものか不明となる。

このように『あたらしい憲法の話』は、検討すべき点もあるが、「戦争の放棄」をはじめとした文章は、現在七〇歳前後である当時の中学生に新しい時代や社会に対する確信や勇気を与えたという。

しかし、『あたらしい憲法の話』は昭和二七年度から中学校の教室から姿を消すことになる。「中国での共産党政権の樹立や朝鮮戦争の勃発などで「再軍備」が意識され、憲法が少しずつ疎んじられる」時代が始まるのである（片上宗二『日本社会科成立史研究』風間書房）。

それでは、憲法施行から六〇年後の現在、中学校社会科教科書において日本国憲法はどのように描かれているのだろうか。

二　現行教科書における憲法

現行の中学校社会科教科書は、平成一〇年（一九九八）一二月に告示された学習指導要領に準拠して作成され、平成一四年度から使用されている。

現行の学習指導要領は、完全学校週五日制の下、「ゆとり」の中で「特色ある教育」を展開し、幼児児童生徒に「生きる力」を育成することを基本的なねらいとし、①豊かな人間性や社会性、国際社会に生きる日本人としての自覚を育成すること、②自ら学び、自ら考える力を育成すること、③ゆとりのある教育活動を展開する中で、基礎・基本の確実な定着を図り、個性を生かす教育を充実すること、④各学校が創意工夫を生かし特色ある教育、特色ある学校づくりを進めることの方針にもとづき改訂された。昭和二六年の第一次から数えて七回目の全面改訂（第七次）で、周知のように現在、学習指導要領の第八次全面改訂作業が行われている。

さて、現行学習指導要領中学校社会科公民的分野において、日本国憲法は以下のように位置づけられている。

（3）現代の民主政治とこれからの社会

ア　人間の尊重と日本国憲法の基本的原則

人間の尊重についての考え方を、基本的人権を中心に深めさせるとともに、法の意義に着目させ、民主的な社会生活を営むためには、法に基づく政治が大切であることを理解させ、我が国の政治が日本国憲法に基づいて行われていることの意義について考えさせる。また、日本国憲法が基本的人権の尊重、国民主権及び平和主義を基本的原則としていることについての理解を深め、日本国及び日本国民統合の象徴としての天皇の地位と天皇の国事に関する行為について理解させる。

（内容の取り扱い）

ア　アについては、日本国憲法の基本的な考え方を中心に理解させるようにし、条文解釈に深入りしないように留意すること。

「内容の取り扱い」から明らかなように、現行学習指導要領では「日本国憲法の基本的原則を具体的な生活とのかかわりから学習させる」ことが重視されている（文部科学省『中学校学習指導要領（平成一〇年一二月）解説—社会編』）。

ちなみに、私の中学校時代の学習指導要領（昭和四四年、第四次全面改訂）では「基本的人権の尊重、国民主権および平和主義の基本的原則を理解させる」「天皇の地位と天皇の国事に関する行為について理解させる」ことが重視されていた（『中学校学習指導要領』昭和四四年発行）。

では、学習指導要領にもとづき作成された中学校社会科公民的分野教科書において日本国憲法はどのように記述されているのだろうか。例えば、中学校社会科教科書のなかで最も採択率が高い東京書籍発行『新編新しい社会公民』（平成一七年三月検定済）では、以下のように記述されている。

第二章　人間の尊重と日本国憲法

二　人権と日本国憲法

三　日本国憲法の基本原理（見開き二頁、横書き、漢数字の部分は実際には数字表記）

〔日本国憲法の制定〕一九四五年八月、日本はポツダム宣言を受け入れて、軍国主義を捨て、平和で民主的な政府をつくることになりました。政府は、ＧＨＱ（連合国軍最高司令官総司令部）の作成した原案をもとに、憲法改正草案をつくりました。改正案は、戦後はじめての議会で審議され、一部修正のうえ可決されました。日本国憲法は、一九四六年一一月三日に公布されたのち、一九四七年五月五日に施行され、それ以来、戦後の日本の民主政治の基礎となっています。

〔日本国憲法〕国の政治の基本を定める最高法規が憲法です。日本国憲法は、戦前の天皇主権を否定して国民主権の原理を採用し、人権の保障をいちじるしく強化しています。また、多くの犠牲を出した戦争と戦前の軍国主義の反省にもとづいて、戦争を放棄（憲法第九条）して平和を強く希求しています。

国民主権、基本的人権の尊重、平和主義は、日本国憲法の三つの基本原理です。

〔国民主権と民主主義〕国民主権とは、国の政治の決定権は国民がもち、政治は国民の意思にもとづくという原理です。それは、民主主義とほぼ同じ意味です（中略）。

〔「象徴」としての天皇〕日本国憲法では、天皇は主権者ではなく、日本国と日本国民統合の「象徴」となりました（憲法第一条）。天皇は、政治についての決定権をもたず、憲法の定める国事行為のみを行います。天皇の国事行為には、すべて内閣の助言と承認が必要です。

近年の中学校教科書の記述は、無味乾燥といわれる教科書的記述をさけ、中学生に読んでもらえるようなもの文章や見出しを掲げていることがわかる、

文章のほかに、「あたらしい憲法のはなし（部分）」と先に紹介した「戦争の放棄」の挿絵やカラーのヴィジュアルな図解資料が掲載され、「日本国憲法前文を読み、国民主権をあらわしている部分に下線を引いてみましょう」という作業課題も提示されている。

「三　日本国憲法の基本原理」に続いて、「四　日本の平和主義」（〔平和主義と憲法第九条〕〔自衛隊と日米安全保障条約〕〔これからの平和〕〔軍縮をめざして〕）、および「五　基本的人権と個人の尊重」（〔人権を保障するということ〕〔だれもがもっている人権〕〔弱い立場にある人たちの人権〕）がそれぞれ見開き二頁で記述されている。

以上の三項目（計六頁）が日本国憲法の記述である。この間に紹介された憲法条文は、第一条・第九条・第一三条〔個人の尊重と公共の福祉〕・第一四条①〔法の下の平等〕の四カ条にすぎず、「条文解釈に深入りしないように」という学習指導要領の〝効力〟がうかがえる。

従来、中学校社会科で行われた憲法学習は、憲法の条文に即してその内容を理解する学習（狭義の憲法学習）と憲法を貫く基本的な考え方を理解する学習（広義の憲法学習）の二つの潮流が

あった。現在の中学校では、学習指導要領にもとづき、日本国憲法制定の経過と人間尊重の考えを理解させることを中心とする広義の憲法学習が重視され、個々の憲法条文に深入りせず、憲法の基本的な考え方を生徒の毎日の生活とのかかわりのなかで考えさせる学習が行われている（日本社会科教育学会編『社会科教育事典』ぎょうせい）。

現在の憲法学習は、憲法公布から六〇年以上経過し、日本国民に定着した（と思われる）憲法を、抽象的・理論的に理解するのではなく、生徒自身の日常生活の場や日常の生活感覚から学ぶことが主流であるようだ。

それでは、憲法を生徒の具体的な生活から学習するためには、どうしたらよいだろうか。

おわりに

ここに憲法に関する一冊の本がある。「お郷ことばで憲法九条を語った」本である（坂井泉編『全国お郷ことば・憲法九条』合同出版）。この本には四〇〇を超える投稿のなかから採用された九六編の作品が収録されている。

茨城県では三編採用された。その一つである、ペンネーム「ひこべゑさん」（日立市）は、憲法第九条の第一・二項を、次のような「お郷ことば」で語っている。

①わだしら日本人っつうもんはよ、国民さみなして、お天道さまに見られてもこっぱずかしく（恥ずかしく）ねえように、日頃からちゃんとすっぺよ。それがら、よその国とも仲良くしてがねえと、世の中うまがねえ（よくない）べや。はえー話しが、マサやんげ（家）とジロベエんとこがケンカおっぱじめたとしっぺや。そごさ薪ザッポひっかちんで（ひっつかんで）仲裁に出しゃばったらばよ、「おめ何しに来た、やんのがーっ（やる気か）？」っつうこどになって、余計おおごとにしちまーべよ。そんじゃうまがあんめ。んだからよ、もめごとに首突っ込むときには、絶対にゲンコふりかざしちゃだめだっぺー。

②そんでもって、しと（他人）に能書きたれるとか仲直りさせっとざ（させるとき）はよ、むやみに鉄砲だの刀だの振りまわしちゃなんねえし、また持ってっとどーしても使いたくなっから、初めっから持だねと決めたんだ。中には粋がってヤゲ（自棄）おこずようなあんちゃんが居ねえとも限んねがら、そごんどご、よーくゆ（言）って聞かせねばなんめ。

憲法を日常生活と結びつけて考え、みずからの言葉で語ることは面白い。私が経験した憲法学習は、前文の文章をそのまま暗誦することで、憲法を日常の生活から考え、自らの言葉で語ることではなかった。

日本国憲法の大切さを、生徒の日常の生活感覚から考え、生徒自身の言葉で語る――。こうした憲法学習を地道に進めたい。

今こそ不戦・非武装・非暴力の旗を！

塩谷　善志郎

二〇〇七年は正念場

一九九五年八月一五日、憲法九条を世界へ未来へと言う願いを継承した、戦後五〇年・不戦平和大集会を機に、九条連は発足した。茨城県九条連は、九九年一二月一二日、結成集会を持って、その歩みをはじめた。私は九条連発足直前から、「世界へ未来へ・九条連ニュース」の読者になっていた。茨城県九条連の発足当初から、呼びかけ人と運営委員をおおせつかり、二〇〇二年の総会以来、代表をおおせつかってきた。二〇〇五年総会からは、武井邦夫代表とともに運営している。

しかしこの間にも、九条の解釈改憲は、ぎりぎりのところまで進み、いよいよ成文改憲までが日程に上ってきた。私は改憲についての、切迫した危機感を持ってはいるが、既に勝負あったとする一部の論者やマスコミの論調に、同調するわけには行かない。今日、国民多数の本音は、九条の改悪に賛同するものでもないと思う。従って正に、これから本格的なアクションが試されるのであり、今日的な議論を起こしていくべきだろう。

私はこの間、中央九条連の伊藤成彦、常石敬一、藤井治夫の各氏や、多くの憲法学者のレクチャーも受けてきたし、茨城県では、小林三衛、木戸田四郎、武井邦夫の各氏らからも改めてご指導をいただいてきた。多くの有識者とも議論をしてきたが、二〇〇七年こそ、正に正念場を迎えることになる。この年頭に当たり、諸兄諸氏のご指導とご批判を賜りたく、議論の前進のために、恥かしながら、改めて私の持論の前提を説明しておきたい。

第九条第二項外しを眼目とする、「論憲」「創憲」「加憲」を含む「改憲」が政局となった。この憲法第九条改悪阻止の闘いにとっても、「参戦」阻止の闘いにとっての、最大にして、最後の歯止めは、ぎりぎり憲法第九条が現にあると言うことである。安倍内閣は「三年」以内に、教育基本法の改悪をはじめに、全て用意万端を整え、憲法改悪に向かって全力を傾注している。

歴史の教訓

全く偶然のことであるが、一九〇六年、日本が南満州鉄道を設立してから、今年で丁度一〇〇年になる。この一〇〇年は、第一は中国との戦争関係である。第二は、アメリカとの関係である。第三は、ロシアとの関係である。中国をはじめ、アジア諸国との関係では、主要には侵略であった。アメリカとの関係では、複雑である。ロシアとの関係では、日本は被害者であった。丁度一〇〇年経った今、歴史の偶然を感じている。なんと言うべきか、ある意味では歴史は繰り返すが、この意味では一段階高いところに到達して、歴史認識を深めなければならない。

私はかつて、『未来』四七号で「戦争と革命の歴史が、ようやく憲法前文をして平和的生存権をうたい、九条によって不戦・非武装を誓った。これを実現するプログラムを、もう一つの世界に期待するほかない」と言ったが、それは憲法九条が限りなく絶対的平和主義の理想に近いものであり、今日その実現可能性が存在しているし、その可能性に賭ける知恵を集め、汗を流す努力を惜しんではならないということである。

日本国憲法は、天皇主権の大日本帝国憲法の改正と言う手続きと建前を採っているが、国民主権の確立、基本的人権の尊重、平和主義の基本原理を持った、第二次世界大戦までの歴史的教訓を踏まえて創られた新しい時代の新しい憲法である。とりわけ、二一世紀への不戦・非武装の原理を先取りした九条は、最も先進的にして、しかも実現可能な、世界に誇るべきものである。しかしながら、敗戦と軍の解体の下で、外部から押し付けられたものであったとして、自主憲法が必要だと言う議論が、今日でもある。

第二次世界大戦の被害は、これまでとは比較にならない甚大なものであった。死者二二〇〇万、負傷者三五〇〇万、戦費一兆五〇〇〇億ドルともいわれるが、この戦争の惨禍を繰り返すまいという歴史的教訓を得たことは言うまでもない。押し付けと言うならば、何よりも歴史の教訓が九条を押し付けたのだ。現実に日本敗戦直後の新憲法制定作業の過程で、政府の憲法問題調査委員会の委員や顧問が、軍備全面撤廃論を展開していたし、九条につながる非軍事国家の構想は、もともと日本側にもあった。宮沢俊義は「日本再建の道は平和国家の建設をおいてはない。永久に全く軍隊を持たぬ国家、それのみが真の平和国家だ」と説いた。野村淳治も軍規定全面削除論を展開した。他の委員の間でも、「潔く裸になって平和国家としてやっていくことが内外に必要」との主張があった。

不戦・非武装は幣原首相の発案

幣原喜重郎首相は四六年一月三〇日の閣議で、「軍の規定を残すことは外国の誤解を招く」と全面削除を主張している。一月二四日のマッカーサー元帥との会談でも、同様の意見を述べたとされ、このことが九条の発案者を巡り、マッカーサーなのか、幣原なのか、合作なのか、その他の論争にも繋がっていく。一月二四日当日の幣原による具体的な証言がないので、九条の発案者であると言う完璧な証拠はないが、しかし私には、いくつかの重要な状況証拠がある。

今日では、幣原発案説に反論は出来ないであろう。当時七四歳の幣原が風邪を引き、肺炎になりかけて、総司令部からペニシリンをもらって治ったので、そのお礼にマッカーサーを訪ねた折、不戦・非武装の信念をはじめて語ったと言う、幣原発案説を私も次の五つの証拠から言いうると思う。

一、一九五一年五月のマッカーサー証言
二、四六年八月の幣原答弁
三、幣原回想録『外交五〇年』
四、高柳賢三著『天皇・憲法第九条』
五、平野三郎著『制憲の真実と思想』

九条は、内外の平和の思想の到達点であり、第二次世界大戦までの戦争体験に基づくものであった。その発意が幣原であれ、マッカーサーであれ、天皇であれ、具体的には、どのような歴史の奇跡的な所産であれ、この意義をけっして少しも傷つけるものではない。

第三次世界大戦は回避できる

「レーニン的帝国主義段階」では「帝国主義戦争を内乱へ」と導くしかなかった。「今日の世界情勢把握における〈帝国主義〉概念の理論的有効性の無効化を確認する歴史的分析を加える初歩的前提を再確認しておくならば、かつての二〇世紀初頭におけるレーニン『帝国主義論』の理論的・実践的有効性は、世界的規模における〈戦争と革命の時代〉としての二〇世紀そのものの短かった（一九一四年――一九九一年）終焉過程を介して、今日の二一世紀初頭においてはまったく無効化するにいたったのであり、それが何より証拠には、グローバル・インターネット資本主義の基本的矛盾の露呈にもかかわらず、第三次世界大戦の〝不可避的必然性〟は、原子力時代における人類共滅の究極兵器＝核兵器の軍事的登場（ヒロシマ・ナガサキ以後）と多国籍・超国籍企業を経済機軸とする資本のグローバリゼーションを実体的基礎として、この地球上から排除されるに至っているのである。」（いいだもも『日本共産党はどこへ行く？』）

憲法制定時の国会審議

憲法制定当時の九条にかかわる国会審議録を改めて読んでみたが、改憲派も「なし崩し護憲派」もあまり触れたくないところであるけれども、一九四六年六月二四日衆議院で徳田球一は、資本主義が存在する限り戦争は不可避であり、それに言及せざるは人民を食ったものだと発言し、六月二八日には野坂参三が、連合国の戦争は正しい戦争であり、戦争一般放棄でなく侵略戦争の放棄とすべきと質問した。これに対して、吉田はこう答弁した。

「戦争放棄に関する憲法草案の条項において、国家正当防衛権による戦争は正当なりとされるようであるが、私はかくのごときを認めることが有害であると思う。近年の戦争は多くは国家正当防衛権の名において行われたことは顕著な事実である。ゆえに正当防衛権を認めることが戦争を誘発する所以である。又交戦権放棄に関する条項の期するところは、国際平和団体の樹立にある。国際平和団体の樹立によって、あらゆる侵略を目的とする戦争を防止しようとするのである。しかしながら、正当防衛による戦争がもしありとするならば、その前提において、侵略を目的とする、戦争を目的とした国があることを前提としなければならない。ゆえに、正当防衛、国家の防衛権による戦争を認めると言うことは、戦争を誘発する有害な考えであるのみならず、もし平和団体が、国際団体が樹立された場合においては、正当防衛権を認めると言うことそれ自身が有害であると思う。ご意見の如きは有害無益の議論と私は考える」と。

「押し付け憲法論」の破綻

五六年に内閣に憲法調査会が設置され、社会党と共産党は委員を送らず、自民党単独で行われた。「九条押し付け論」に関しては、六三年にまとめられた調査結果では、両論併記されたが、高柳会長はその著『天皇・憲法第九条』で次のように述べた。

「第九条の発祥地が東京であり、一月二四日のマッカーサー・幣原会談に起因する点は疑われていないが、その提案者が幣原かマッカーサーかについて、日本でもアメリカでも疑問とされていた。調査会における大多数の参考人は、幣原ではなかろう、マ元帥だと陳述したが、青木得三、長谷部忠など少数の参考人は幣原だと陳述した。そこで念のため、私からマ元帥にこの点を確かめたが、マ元帥は従来の言明通り、幣原だとはっきり述べ、且つ右に述べたようなそのときの状況を付け加えた。しからば幣原はどうかというと、一九四九年四月以降多くの内外人に向かってしばしば、あれは自分の提案だと言う趣旨を語っているので、この点についてマ元帥の陳述を裏書していることになる」。高柳会長のこの判断によって「押し付け論」は完全に破綻した。

あの悲惨な戦争を体験した指導者たちの中に、いかに真の平和を創るかを真剣に考えていた人たちがいた。当時、高野岩三郎をはじめとする、民間の研究者らが作った憲法草案の中にも、さまざまな非武装論があった（佐藤達夫『日本国憲法成立史』、色川大吉『自由民権』）。

例えば四五年一〇月二九日に、日本文化人連盟が結成され、一一月五日から憲法草案を作るべく研究会がはじめられた。メンバーは、高野岩三郎、森戸辰夫、大内兵衛、鈴木安蔵らであった。その憲法改正案要綱は、天皇制の廃止や共和制案の提案など、極めて進歩的な議論も交わされ、一二月二六日に、ほぼ今日に近い成案が発表されている。後に憲法草案作成グループの中心となった、ケーデス大佐は、これがあったからアメリカ側は九日間で草案を作成することが出来たのだ、と回想している。

不戦非武装の憲法九条の思想は、アメリカの市民運動にあっただけではなく、日本近代史の中をも貫いてきたものだ。カントやローザ・ルクセンブルクの思想に注目すべきと思う。明治維新以来の自由民権運動を総括していた、鈴木安蔵らの貴重な成果と影響を無視すべきではない。

私の物心

新憲法は、四六年一一月三日公布され、四七年五月三日施行された。私は四二年八月二二日生まれであり、新憲法下で教育された。敗戦をはさんで、辛うじて戦中・戦後の一時期が記憶に残っている。二六年牛まれの長兄は医学生で徴兵を猶予されたが、二八年生まれの次兄は、志願して予科連に入った。硫黄島で玉砕した叔父の家のように、何処の家庭にも戦死者を出す悲惨な生活があった。敗戦後、母は、「死んで帰れと励まされなどと愚かな歌をうたったものだ。よくあんな馬鹿馬鹿しい、ひどいことが出来たものだ。戦争は命と生活のすべてを失う」と嘆いた。九人の子供を育て上げた母は、不戦の感情を持っていたようだ。東条が悪かったなどという議論が絶えなかった。

私の物心がついた頃には、既に解釈改憲が始まっており、自衛隊の誕生後は、憲法違反という言葉を覚え、再軍備反対などと言う政治家の演説に耳を傾けていた。なぜこの前の戦争を阻止できなかったのかと言う思いが、私の子供心にもあった。天皇制絶対主義と軍国主義の中で、なす術は無かったという解釈で終るべきではなく、阻止できなかった責任論による総括が問われている。

戦争以上に最悪・悲惨なものはない。赤紙で徴兵された男たちで、実際喜び勇んだ者がどれだけいたのだろうか。昭和一二年にはじめた日中戦争から、第二次世界大戦終結までの八年間、日本軍は合わせて約一千万人であった。約二百万人が戦没した。膨大な飢え死にがあった。アジアに与えた被害は、日本側の何倍にもなった。沖縄戦最後の約一万の重症患者は、手りゅう弾や薬で自決させた。日本も加盟していた赤十字条約でも、傷病兵として大事に看護されると決まっていたにもかかわらず、このときだけなぜ殺したのか。四一年一月の東条英機による、絶対降伏するな、捕虜になるなと言う戦陣訓をはじめ、教育の力はすごいものだ。

非暴力のネットワークを

ヤルタ会談以来の米ソの激しい覇権争奪の中でも、主として平和共存論の系譜から、戦争は不可避でなくなった云々の論争も展開されてきたが、今日、戦争回避可能論の立場に立って、憲法九条を世界の憲法にすべく、世界に未来に発信をしていく時が来た。「なし崩し護憲」派が、潔く過去を捨て、自己総括されることを期待する。「戦場に行くな!・殺すな!・殺されるな!」の声が、はるかに多いのだ。「イラク派兵」の既成事実で、ひと山越えて、九条はなくなったのだと早とちりすることなく、堂々と九条の旗を共に掲げよう。イラクは戦後ではない。依然として戦争状態にある。どんなに九条が限りなく、「なし崩しにされ」、「空洞化され」「形骸化」されていると言っても、〈いま・ここ〉で九条とその思想が「参戦」を断固として拒否しているのだ。そのことを過小評価することは出来ない。

日本の左翼はこれまで、一度として絶対平和主義に立った試しはない。共産党にしてしかりである。第三勢力論的積極中立主義として、社会党を論難し、六〇年安保後、原水禁運動をはじめ、平和運動を分裂させた。社会党はかなり絶対平和主義の立場にたち、非武装平和主義を、国是・党是とした。石橋委員長の時代には、自ら『非武装中立論』を書き、一度犯したら二度と訂正できないと、その序文で強調していたにもかかわらず、村山内閣で、一晩のうちに、安保も自衛隊も容認した。違憲合法論という伏線があった。

今日なし崩し護憲派とでも言うべき、各種の潮流がある。そのいちいちについて触れないが、九条連の中から絶対平和主義が成長してくることを、期待したい。

戦争とは法的には宣戦布告して国と国とで武力行使をすることであるが、本質は他国民を殺傷し全てを奪うことにある。「戦争放棄」の九条は他国民を殺さないと言う点に最重要な意味があり、九条の重みは、対外誓約と言う点にある。自衛隊が国内にいる限りは国内での論争に止まるが、然し、海外派兵され他国民に発砲し殺傷させることとは、戦争放棄の真意である他国民を殺さないと言う対外誓約を明らかにやぶることである。派兵しなければ起きない正当防衛論は成り立たない。内向けの議論に終始していることが問題だ。

「戦場に行くな！　殺すな！　殺されるな！」、今こそ憲法九条で誓った、不戦、非武装の旗を堂々と掲げて、人々の非暴力のネットワークを前進させよう。

ブッシュの余命はない

ブッシュの余命は後二年。ブッシュ・ブレア・小泉と続いた政権崩壊のドミノ現象は必ず起こる。

憲法改正動向の新転回

丹　賢一

はじめに

自民党は二〇〇五年一〇月二八日、結党五〇周年を迎え、新憲法草案（以下、草案）を発表した。この草案には、従来の復古主義的な文言の条章は消去して、プライバシー権、知る権利、環境権、犯罪被害者の権利など、新しい権利条項がもられて、表面上、新鮮さと柔軟さを出そうとしている。

しかし草案は、「新憲法の制定」の気概をもって、日本国憲法の生命ともいうべき同九条の「非武装平和主義」を削除、「武装平和主義」（草案第九条の二「自衛軍」）の条章を創設して、日本国憲法のコペルニクス的転換を図ろうとしている。

草案の主目的は、憲法九条の「改正」である。その特徴は、改憲に前向きな公明党と民主党に配慮しつつ、両党が同調可能な草案を作成したことである。

そして、その改憲手続のプロセスは二段構えである。すなわち自民党、新憲法起草委員会事務局次長、舛添要一氏ら「協調派」の主眼は、とりあえず、日本国憲法第九六条（憲法改正手続）の「両院議員の三分の二の賛成による発議と国民投票」をクリアーすることにある。[1]そして第一の関門の同憲法改正手続を「改正」（草案第九六条「両議員の過半数の賛成で国会が決議」）しておけば、今後の憲法改正は容易に行われることになろうと、いうものである。

以下、草案の中で、「平和主義」に関わる条章を批判的に考察する。

一　新憲法草案の前文「新憲法の制定」

(1)　草案の前文冒頭は「日本国民は、自らの意思と決意に基づき、主権者として、ここに新しい憲法を制定する」[1]、と規定して「新憲法の制定」を宣言している。

この文言は、自民党・新憲法起草委員会、要綱第一次素案（二〇〇五年七月七日）の前文作成指針、④「なぜ今、憲法を制定するのか」で、その意義を「戦後六〇年の時代の進展に応じて、日本史上初めて国民みずから主体的に憲法を定めることを宣言する」としている。さらに、2前文に盛り込むべき要素、④結語、において「明治憲法（大日本帝国憲法）、昭和憲法（現行日本国憲法）の歴史的意義を踏まえ、日本史上、初めての国民自ら主体的に憲法を定める時機に到達した」[2]と記し、あえて新憲法制定の意義を強調している。全面改憲の宣言である。安倍首相の「戦後レジュームからの脱脚」、すなわち、現行憲法との連続性を「実質的」に断ち切り、新しく戦争することのできる国家を造ることを宣言したのである。

（2）「象徴天皇制は、これを維持する」

前記「第一次素案」の2、前文に盛り込むべき要素、①国の生成、「和の精神をもって国の繁栄をはかり、国民統合の象徴たる天皇と共に歴史を刻んできた」とした、旧来の天皇元首という復古主義的文言を消去して、戦後六〇年で定着してきた象徴天皇制を維持した。また、ナショナリステックな人々にとって、天皇は愛国心の一種のシンボルでもある。古代社会以来、日本の歴史、伝統・文化の継承者ともいうべき地位にある象徴天皇は、「和の精神」で強く結ばれた戦争する国の精神的主柱として、時代に適合した形で、利用し期待しているものと思われる。

（3）そして「日本国民は、帰属する国や社会を愛情と責任感と気概をもって自ら支え守る責務を共有」すると記している。

この規定は、①愛国的道徳心と自己犠牲によって、国を守ることを明文化したもので、国旗、国歌強制の憲法上の根拠となるだろう。さらに重要なことは、②草案第九条の二「自衛軍」創設規定の布石となっている。そして、③日本国民は、前記①と②の「責務」を有するのである。この「責務」の文言は、「義務」や「責任」よりも柔らかな語感があるので苦心した結果と思われる。自民党新憲法起草委員会は、各小委員会要綱（一部）、〔国民の権利及び義務に関する小委員会、要綱〕、⑥追加すべき新しい責務、国民一人ひとりが主人公として国づくりに参加する中で、「その責任を自ら進んで分担することを明らかにする趣旨で、『責務』という文言を使う。これは裁判所において具体的に強制することが可能な『義務』ではなく、幅広く抽象的な訓示規定を意味する(3)」、と記している。

(4)　さらに日本国民は、①「正義と秩序を基調とする国際平和を誠実に願い、他国とともにその実現のため、協力し合う」、また国際社会において、②「圧政や人権侵害を根絶させるため、不断の努力を行う」。これら①②の規定は一般論としてみた場合、当然のこととして容認されそうであるが、しかし具体的に考察すると①は、アフガン戦争・イラク戦争において、「国連決議」のない米国軍に協力するため、専守防衛を任務とする自衛隊の海外派兵を行った。従って、創設される自衛軍による「国際平和」実現のための軍事的貢献の積極的展開が期待されている。

また②は、イラン、イラク、北朝鮮など「圧政や人権侵害が行われている国々」に対して、それを「根絶」させるための内政干渉が国際紛争に発展することが考えられる。

さらに、これら①②の規定は、日米安全保障条約と草案第九条の二「自衛軍」との関係で重要な意味を有する。

すなわち、日米安保協力委員会（二〇〇五年二月）で、日米の閣僚は、「日米同盟関係が、地域及び世界の平和と安定を高める上で死活的に重要な役割を果たし続けることを認識し、この協力関係を拡大することを確認した」。これは「極東」安保を一九九六年の日米安保共同宣言（橋本、クリントン）で「アジア太平洋地域」にまで拡大したのを、さらに米国の戦争に「地球的規模」で協力する新たな軍事同盟に拡大するものである。(4)

（5）以上、草案前文の「平和」に関する論点を考察してきた。同前文は、日本国憲法前文の「政府の行為によって再び戦争の惨禍が起こることのないようにすることを決意」（戦争原因の特定と反戦の決意）や「全世界の国民が、ひとしく恐怖と欠乏から免かれ、平和のうちに生存する権利」（平和的生存権）に関する先進的で格調が高く、未来に希望をいだかせる規定を削除してしまった。

草案前文は、「新憲法制定」と「自衛軍創設」の布石を前面に押し出したが、そこには未来への展望も希望も感じられない。

二　新憲法草案の「平和主義」

日本国憲法も自民党の新憲法草案（以下、草案）も、ともに平和主義を明らかにしている。しかるに、両憲法（草案）の平和に対する考え方には大きなへだたりがある。すなわち、日本国憲法第九条は「非武装平和主義」であり、草案第九条及び同第九条の二は「武装平和主義」である。

従って、日本国憲法（以下、憲法）の「平和主義」と草案の「平和主義」を比較検討することによって、草案第九条「平和主義」及び同第九条の二「自衛軍」の条章を考察する。

(1)　日本国憲法の「非武装平和主義」

憲法は前文で、アジア・太平洋戦争を深く反省した結果、戦争の原因が「政府の行為」にあることを明確にし、「平和的生存権」を宣言した。

この平和主義の精神を受けて、憲法第九条二項は「戦力不保持」と「交戦権否認」を規定し、一切の戦争を放棄した。

従って、戦争を前提とした、①宣戦講和、②軍隊の最高指揮権、③国民の国防義務、④国家緊急事態、⑤軍事裁判所、などに関する規定はない。すなわち、これらの意味するところは、憲法が「非武装平和主義」の体系的規範構造になっていることの証左である。

(2)　憲法第二章「戦争の放棄」から草案第二章「安全保障」への改題

草案第二章は憲法第二章に対応する章であるが、その章題が「戦争の放棄」から「安全保障」に「改正」されている。

「安全保障」という用語は、外部からの攻撃や侵略に対して、国家の安全を維持することを意味する。それは武力を前提とするもので、歴史的には、「個別的安全保障」から「集団的安全保障」へと推移してきた。

すなわち、一国独自の軍事力による安全の維持から、グループの軍事同盟による自国の安全の維持へと変動したのである。

それは個別的自衛権から集団的自衛権への移行でもあり、結局、「軍事」という「武力」による国の安全の維持である[5]。

日本では「集団的自衛権行使」について、日米安全保障条約と憲法との関係で問題になっている。

さて、この「安全保障」を憲法規範構造からみると、前記二の(1)、で考察した日本国憲法「非武装平和主義」の規範構造とは正反対になり、軍事に関する事項を規範化して、それらを「体」として機能させる装置が「安全保障」体制である。

三　憲法第九条一項と草案第九条「平和主義」の現代的意義

草案第九条「平和主義」規定の文言は、憲法第九条一項の条文をそっくり継承した。従って、憲法第九条一項の意味を再確認して、同「継承」の現代的意義を考察する。

憲法第九条一項の通説的解釈は、①一九二八年の「戦争放棄ニ関スル条約」（パリ不戦条約）「締約国ハ国際紛争解決ノ為、戦争ニ訴フルコトヲ非トシ且其ノ相互関係ニ於イテ国家ノ政策ノ手段トシテノ戦争ヲ放棄スルコトヲ各自ノ人民ノ名ニ於イテ厳粛ニ宣言ス」[6]、の規定と、②一九四五年の「国際連合憲章第二条四項」「すべての加盟国は、その国際関係において、武力による威嚇又は武力の行使を、いかなる国の領土保全又は政治的独立に対するものも、また国際連合の目的と両立しない他のいかなる方法によるものも慎まなければならない」[7]、の規定を根拠としていると理解されている。従って、憲法第九条一項は「侵略戦争を放棄」したのであり、自衛戦争は含まれないと解釈されてきた。[8]

よって、憲法第九条一項を「継承」した草案第九条も、「侵略戦争放棄」の規定である。「自衛戦争」を肯定し「武装平和主義」の現実化を推進する自民党、新憲法起草委員会は、右記の理由により、草案第九条の二「自衛軍」の規定を創設したのである。

歴史を振りかえれば、①明治以降、日本がおこなった日清戦争、日露戦争、そしてアジア太平洋戦争は、時の政府声明によれば「自衛」戦争であったことは明白である。

また今日、②世界には二万七千発の核爆弾が保有され、局地戦に使用するための軽量の小型核爆弾の開発が進み、「核拡散問題」は世界の焦眉の急となっている。

一方で、③「テロ攻撃」も多発し、留まることがない。しかし今日、世界の軍事同盟は、アジアでもヨーロッパでも中南米でも、空洞化が進んでいるのが現状である[9]。

アメリカ主導のイラク戦争も泥沼化が進んで困難な状況にある。国連加盟国一九一ヵ国のうちイラク戦争に賛成した国は四九ヵ国に留まり、反対あるいは不賛成の国はアメリカの同盟国であるフランスやドイツを含め一四二ヵ国に至っている。軍隊を送ることではなく、どのようにして紛争の発生を防ぎ、紛争を平和的に解決するかが、いま問われている[10]。

故に、憲法第九条二項の「非武装平和主義」は、理想であると同時に日々現実化の時代にある。

このように考察してくると、草案第九条の「侵略戦争放棄」の規定は、その歴史的使命を終わろうとしているのではないかと考える。

四　新憲法草案第九条の二「自衛軍」

「九条改憲」の目的は、自衛隊を合憲と認めるなどということとはまったく関係なく、ただ一点、自衛隊の海外派兵、それも武力行使目的の派兵を認めるということにある。[11]

草案は、憲法第九条二項「戦力不保持」「交戦権否認」の規定を削除して、同第九条の二の一項に「内閣総理大臣を最高指揮権者とする自衛軍保持」の規定を創設した。

同三項では、(イ)自衛軍は「国際社会の平和と安全を確保するために国際的に協力して行われる活動」及び、(ロ)「緊急事態における公の秩序を維持」し、または「国民の生命若しくは自由を守る為の活動を行うことができる」と規定した。

(イ)、自衛軍のいわゆる「国際協調活動」である。すなわち、自衛隊海外派兵は、①国連決議に基づく多国籍軍の一員として派兵する湾岸戦争型と、②国連決議はないが、米軍に協力(有志連合)して派兵する場合のコソボ、アフガン、イラク型がある。

そして、国連決議に基づく自衛隊の海外派兵は「集団安全保障」、国連決議のない場合に、日米安全保障条約に基づいて自衛隊を派兵するのは「集団的自衛権の行使」と呼ばれる。[12]

自衛軍は、草案第九条の二の三項により、国連の「集団安全保障」と日米安保の「集団的自衛権の行使」が可能となる。

自民党、憲法改正草案起草委員会事務局次長、舛添要一氏は「自衛軍には個別も集団も含まれる。その論議は終った」(朝日新聞、二〇〇五年八月二日)としている。

従って、自衛軍は海外派兵による武力行使が全面的に認められている。

（ロ）は、自衛軍の「国家緊急活動」を規定している。この国家緊急権規定は「有事法制」の憲法上の根拠となり、自衛軍の活動は拡大する。二〇〇一年九月一一日、米国のニューヨーク市で発生した、九・一一同時テロ、イラク戦争、北朝鮮とイランの核問題と国際的「紛争・問題」が多発する中で、小泉前首相は「備えあれば憂いなし」と所信表明演説をして、国家緊急事態を想定した、「有事法制」の整備を進めた。

二〇〇三年六月「武力攻撃事態における我国の平和と独立並びに国及び国民の安全の確保に関する法律」（武力攻撃事態法）の成立。

翌二〇〇四年六月、㋑『武力攻撃事態等における国民の保護のための措置に関する法律」（国民保護法）、㋺「武力攻撃事態等におけるアメリカ合州国軍隊の行動に伴い我国が実施する措置に関する法律」（米軍行動円滑法）、㋩「武力攻撃事態における外国軍用品等の海上輸送の規制に関する法律」（外国軍用品等海上輸送規制法）、㋥「自衛隊法の一部を改正する法律」（続改正自衛隊法）、㋭「武力攻撃事態等における特定公共施設等の利用に関する法律」（交通、通信利用法）、㋬「武力攻撃事態等における捕虜の取扱いに関する法律」（捕虜等取扱法）、㋣国際人道の重大な違反行為の処罰に関する法律」（国際人道違反処罰法）が成立し、「有事法制」の整備が一応完了した。

すなわち「武力攻撃事態法」を基本にして、有事下における米軍と自衛隊の活動の「効率と円滑」をはかり、国民の動員と国民生活の統制、さらに戦時を想定した「国際人道法」関連法規が整備されて、戦争展開可能な戦時法制が既に制定されている(13)。

五　草案第七六条「軍事裁判所」の創設

草案第七六条三項は「軍事に関する裁判を行うため、法律の定めるところにより下級裁判所として、軍事裁判所を設置する」との規定を創設した。

軍事裁判所は特別裁判所の一種で、憲法第七六条二項は、その設置を禁止している。特別裁判所は、特定の身分を有する者または特別な種類の事件だけを管轄する裁判所である。その例として、明治憲法時代の軍法会議を考えることができる。

軍法会議は陸軍軍法会議法及び海軍軍法会議法に基づいた刑事の特別裁判所で、現役、召集中及び服務中の陸海軍人の刑事裁判、在郷軍人の軍刑法違反事件、及び戒厳令下における一定の一般刑事事件を審判していたが、戦後一九四六年に勅令二七五号で廃止された(14)。

さて、自衛軍の創設は、右記したような軍刑法、さらには軍事機密に関する法など、軍関係法令の整備を必要とするだろう。

草案では軍事裁判所は下級裁判所となっているので、終審裁判は最高裁判所になる。この軍事裁判所では、軍事関係法令が適用されることになるが軍人だけの問題ではなくマスコミ関係者、ジャーナリストなどが軍事機密に関する取材公表などで、「軍事機密漏洩罪」などに問われることが考えられる。

六　草案第二〇条「政教分離」の緩和

草案第二〇条三項は「国及び公共団体は社会的儀礼又は習俗的行為の範囲を超える宗教教育その他の宗教活動」を禁止している。

すなわち、この規定の本意は、「社会的儀礼又は習俗的行為」に該当すると解釈すれば、国及び公共団体の宗教活動を容認することになり、憲法第二〇条一項、三項の「国の宗教活動の禁止」（政教分離）を緩和したことにある。そして大きな社会問題となった在任中の小泉前首相の靖国参拝に憲法上の根拠を与え合憲化するものである。

「政教分離」（憲法第二〇条、第八九条）に対する裁判所の判例は、「大阪靖国訴訟」（大阪高裁、平成四年）、「長崎忠魂碑訴訟」（福岡高裁、平成四年）、「箕面忠魂碑・慰霊祭訴訟」（最高裁、平成四年）、「愛媛玉串料訴訟」（最高裁、平成九年）など多数あるが、その事例の内容が異なっているにもかかわらず、参拝や社会的に相当な額の玉串料の奉納は容認する傾向にある。[15]

自民党、新憲法起草委員会、要綱第一次素案（二〇〇五年七月七日）は、〔国民の権利及び義務〕３・信教の自由について、①政教分離原則は維持すべきだが、一定の宗教活動に国や地方自治体が参加することは、社会的儀礼や習俗的、文化的行事の範囲であれば、許容されるものとする。国などが参加する一定の宗教的活動としては、地鎮祭への関与や公金による玉串料支出、公務員等の殉職に伴う葬儀等への公金支出などが考えられる。なお、社会的儀礼の範囲を超える多額の公金支出は認められない[16]。と記している。

このようにして「社会的儀礼、習俗的範囲」内として、国や公共団体の宗教的行為を合憲化しようとしている。

また前記した自衛軍の「国際協調活動」で発生することが当然予想される「戦死者」を英霊として参拝するための布石となる規定でもある。

七　草案第九六条「憲法改正手続」

草案第九六条一項は憲法改正手続について、国会の議決要件を「各議員の総議員の過半数」とし、国民の承認要件を、「特別の国民投票」において、その過半数と規定した。

憲法第九六条一項の「改正手続」の国会発議要件は「各議員の総議員の三分の二」であるから、草案は憲法改正手続を大きく緩和したといえる。憲法が改正手続を普通の法律よりも厳しくしたのは、なによりも、①戦争を深く反省し、政府の行為によって再び戦争の惨禍が起ることのないことを望み、また②戦前の治安維持法、特高警察などが権力を使って数々の人権侵害をくり返したことからの教訓、そして③人類普遍の原理をかかげて、世界の人々との平和的共存を希求する憲法の永続を願ったからである。

しかし、「改憲派」にとっては、この厳しい改正手続を定めている「憲法九六条」が、問題なのである。

自民党憲法改正プロジェクトチーム「論点整理」(二〇〇四年六月一〇日)、九、改正の(1)は、「現憲法の改正要件は、比較憲法的に見てもかなり厳格であり、これが、時代の趨勢にあった憲法改正を妨げる一因になっていると思われる。したがって、例えば、憲法改正の発議の要件である『各議員の総議員の三分の二以上の賛成』を『各議員の総議員の過半数』とし、あるいは各議員において総議員の三分の二以上の賛成が得られた場合には、国民投票を要しないものとする等の緩和策を講ずる(そのような憲法改正を行う)べきではないか[17]」、と記している。

また、自民党、新憲法起草委員会の幹部委員は「三分の二条項がネックになって、戦後一度も憲法が改正されなかった。これからは毎年でも憲法を改正する必要がある」(読売新聞、二〇〇五年八月二日）と発言している。

このようにして、「改憲派」にとって、「憲法九条と九六条」改正が最大の課題である。日本経団連は、「わが国の基本問題を考える」（二〇〇五年一月一八日）、第三章、外交、安全保障を巡る課題（概要）、4憲法改正へのアプローチ、の中で「当面、最も求められる改正は、現実との乖離が大きい第九条第二項（戦力の不保持）ならびに、今後の適切な改正のために必要な第九六条（憲法改正要件）の二点と考える。まず、これらの改正に着手し[18]」、他の憲法上の論点について議論をしていくべきだとしている。

この点について、上松健一氏（島根大学）は、「改憲側が、まずこの二つの改正を実現させた後に本格的な憲法の全面的見直しに着手するという『二段階改憲』の戦略を考えているのであれば、仮に改憲の『本丸』である九条二項で民主党との合意が進まない場合には改憲の『外堀』としての九六条改定だけでも先行させる可能性もあるだろう[19]」、と論じている。このようにして、自民党、改憲派の戦略は、現実的に実現可能で着実な改憲方法を探っていると考える。

八　憲法第九条改正限界論

草案は第九条の二「自衛軍」の規定を創設して、日本国憲法の「非武装平和主義」を、草案の「武装平和主義」に根本的転換をはかっている。

（1）しかし、「およそ、一つの根本的な指向をもつ憲法としては、その根本的な指向を根本的に否定することを認めないのは、けだし当然のことである。もしも、主権者たる国民が、かかる根本的指向の否定を欲するならば、それは名義の如何を問わず革命である。」[20]

思うに、憲法改正が、普通の法律よりも困難になっているのは何故だろうか。

その理由の第一は、憲法は国の根本法なので安定性が求められることである。すなわち、改正が容易にできると、それがくり返されて、付属法令全体にわたって改廃が度々行われることになり、国法体系の安定性が害される。

第二は、憲法制定権者が、制定した憲法の永続性を望み、その改正を好まないことである。日本国憲法前文の「人類普遍の原理」「崇高な理想を深く自覚する」「地上から永遠に除去」「日本国民は、国家の名誉にかけ、全力をあげてこの崇高な理想と目的を達成することを誓ふ」、の文言に、憲法の永続性の期待が十分に感じられる。

（2）日本国憲法の制定権者は、主権者たる日本国民である。日本国民はこの主権にもとづいて憲法を改正することができる。

その場合に、憲法の総ての条章の改正が可能なのか、それとも、重要な一部の条章については改正不可能な限界があるのか、が問題である。

改正限界について憲法に明文規定がある場合を以下に例記する。

①フランス第四共和国憲法第九五条「政府の共和的形式は、これを改正の目的とすることはできない」、②イタリア共和国憲法第一三九条は①に同じ、③ドイツ基本法（ボン憲法）第七九条第三項「諸邦による連邦制、諸邦の立法協力」、同第一条「人間の尊厳の不可侵」、第二〇条「民主的且つ社会的連邦国家、国民主権、権力分立」、④ノルウェー憲法第一一三条「憲法の根本原則及び精神」、などの憲法は右記のように改正の限界を明文化している。[21]

また、日本国憲法第九条一項が侵略戦争を「永久に放棄」、同第一一条が基本的人権は侵すことのできない「永久の権利」として、現在及び「将来の国民」に与えられる、との規定は明文の改正限界と考えられている。[22]

(3)　次に、憲法に明文規定がない場合の論理的限界について、カール・シュミットは「憲法は政治的決定の帰結であり、憲法の基礎たる政治的決定自体を憲法改正によって変更することはできない」[23]、として、論理的改正限界論を説いた。カール・シュミットのこの学説は、日本にも大きな影響を与えて、明治憲法時代から日本国憲法の今日に至るまで、日本の多数説は、憲法改正限界論をとっている。そして多数説は、平和主義、基本的人権尊重主義、国民主権主義は日本国憲法の基本原理であるから改正は許されない、としている。従って、憲法第九条一項の「平和主義」（侵略戦争放棄）の改正は許されない、としている。[24]

次に憲法第九条二項「戦力不保持・交戦権否認」の規定について、学説は別れている。

私は、日本国憲法第九条の平和主義の特質は「非武装平和主義」にあると解する。

日本国憲法前文の「平和の思想及び精神」を明文化したのが、同第九条の「一項と二項」と把えて、前記したように、日本国憲法の体系的規範構造の特質からも、同第九条二項「戦力不保持、交戦権否認」の規定に日本国憲法の平和に関する根本精神が具現化されていると解する。従って、同第九条二項の削除は「改正」の限界を超え、許されないと解する。また、草案第九条の二「自衛軍」と憲法第九条二項「戦力不保持・交戦権否認」の規定には、その一体性「同一性」を認めることはできない。よって、草案第九条の二「自衛軍」創設規定は「改正」の限界を超え、許されない。最後に、「憲法の根本をなしている基本原理を変更し、その憲法の同一性を失わせるような改正をすることは、その憲法の自殺であり、それは法理論的に不可能であるといわざるを得ない[25]」、のである。

注

（1）高橋俊安（広島修道大学）論文、『法と民主主義』No.４０４、日本民主法律家協会編集・発行、二〇〇五年、八頁。
（2）『憲法問題学習資料集(2)』、憲法会議・労働者教育協会編、学習の友社、二〇〇五年、三一頁。
（3）（2）に同じ、三五頁
（4）渡辺久丸（島根大学）論文、『日本の科学者』VOL.40、日本科学者会議編集・発行、二〇〇五年、二五頁。
（5）『国際法辞典』国際法学会編、鹿島出版、一九七五年。
（6）『国際条約集・第三版再訂』横田喜三郎・高野雄一編、有斐閣、一九七七年。
（7）（6）に同じ、一〇頁。
（8）『註解日本国憲法上巻』、法学協会編、有斐閣、一九六七年、二二三頁。宮沢俊義著・芦部信喜補訂、『全訂日本国憲法』、日本評論社、一九八〇年、一五三～一五五頁。
（9）（4）に同じ、二五頁
（10）『憲法問題学習資料集(1)』、憲法会議・労働者教育協会編、学習の友社、二〇〇五年、九頁。
（11）渡辺治『憲法改正』、旬報社、二〇〇五年、六八頁。
（12）（11）に同じ、六八～六九頁。
（13）『総批判改憲論』、澤野義一・井端正章・出原政雄・元山健編、法律文化社、二〇〇五年、七六～八二頁。
（14）『全訂法学辞典』、末川博編、日本評論社、一九七五年。
（15）『判例六法』、編集代表・青山義充・菅野和夫、有斐閣、二〇〇四年、三一頁以下。
（16）（2）に同じ、三二頁。
（17）（10）に同じ、一九頁。
（18）（2）に同じ、七一～七三頁。

(19) 植松健一（島根大学）論文、(1) に同じ、三六頁。
(20)『註解日本国憲法下巻』、法学協会編、有斐閣、一九七二年、一四二一頁。
(21) 参議院法制局『各国憲法集・正・続・第三集』、衆議院法制局・参議院法制局・国立国会図書館調査立法考査局・内閣法制局編、一九六一年。
(22) (20) に同じ、一四二三頁。
(23) (20) に同じ、一四二四頁。
(24) (20) に同じ、一四二九頁。
(25) (20) に同じ、一四二五頁。

田村　武夫（たむら　たけお）

（1)1942 年（2）山梨県（3）茨城大学教授・茨城県自治体問題研究所理事長（4)『21 世紀憲法学の課題』（共著　明石書房)、『憲法の論点』（敬文堂)、「東ドイツ憲法史―ワイマール憲法の成果と欠陥』（茨城大学人文学部紀要）

丹　賢一（たん　けんいち）

（1)1940 年（2）茨城県（3）日本民主法律家協会会員（4)「日本国憲法第九条解釈論」（『社会科学通信』 1981 年）

三石　善吉（みついし　ぜんきち）

（1)1937 年（2）長野県（3）筑波学院大学国際学部教授・筑波大学名誉教授（4)『中国の千年王国』（東大出版会)、『中国―1900 年』（中公新書)、「ＥＵと東アジア不戦共同体―憲法９条との関連で（その２)」（『筑波学院大学紀要』第１集　2006 年）

武藤　功（むとう　こう）

（1)1937 年（2）茨城県（3）茨城の思想研究会会長・「９条漣」「九条の会」賛同者（4)『冤罪― JR 浦和電車区事件をめぐって』（出版研)、『国家という難題』（田畑書店)、『石原慎太郎というバイオレンス』（共著・同時代社)、詩集『木リーグ』（沖積舎）

吉田　俊純（よしだ　としずみ）

（1)1946 年（2）東京都（3）筑波学院大学教授（4)『水戸光圀の時代』（校倉書房)、『水戸学と明治維新』（吉川弘文館)、『熊沢蕃山』（吉川弘文館）

執筆者略歴（50音順）

伊藤　純郎（いとう　じゅんろう）

（1)1957年（2)長野県（3)筑波大学大学院助教授（4)『郷土教育運動の研究』（思文閣出版）、『柳田国男と信州地方史』（刀水書房）、『社会科　現在問われている世界』（共著　同成社）

伊藤　成彦（いとう　なりひこ）

（1)1931年（2)石川県（3)評論家・中央大学名誉教授　(4)『物語　日本国憲法第9条』（影書房・新装改定第3版、2006年）、『東北アジア平和共同体に向けて』（御茶ノ水書房・2005年）、『ローザ・ルクセンブルク思想案内』（近刊、社会評論社）他

木戸田　四郎（きどた　しろう）

（1)1923年（2)茨城県（3)茨城大学名誉教授（4)『水源を守る市民運動』（ぺりかん社）、『明治維新の農業構造』（御茶ノ水書房）、『維新期豪農層と民衆』（ぺりかん社）他

小林　三衛（こばやし　みつえ）

（1)1922年（2)茨城県（3)小林地域研究所所長（4)『国有地入会権の研究』（東京大学出版会）、『霞ヶ浦における農業水利権』（人文書房）、「鹿島臨海工業地帯の造成と土地の問題」（茨城大学地域総合研究所年報2号）、「茨城県の『地域問題』」（同上29号）

塩谷　善志郎（しおや　ぜんしろう）

（1)1942年（2)新潟県（3)茨城県9条連代表（4)『辺境ウイグルの旅』　他

武井　邦夫（たけい　くにお）

（1)1930年（2)長野県（3)茨城大学名誉教授（4)『利子生み資本の論理』（時潮社）、『梅本克己論―辺境における主体性の論理』（時潮社）、『世界史観の探求』（時潮社）、『経済学方法論の探求』（こぶし書房）

ふる里からの憲法運動――憲法9条の理論と実践

2007年3月1日　初版第1刷発行

著　者　茨城の思想研究会
茨城県水戸市堀町2023-95（吉田俊純　方）TEL 029-253-1032

発　行　株式会社同時代社
〒101-0065　千代田区西神田2-7-6　川合ビル
TEL 03-3261-3149　FAX 03-3261-3237

企画・制作　い　り　す
〒162-0842 新宿区市谷砂土原町3-3-201
TEL 03-5261-0526　FAX 03-5261-0527

印　刷　モリモト印刷株式会社

定価はカバーに表示してあります。落丁・乱丁はおとりかえいたします。
ISBN978-4-88683-602-1